透过结构看世界

洞悉本质的思考艺术

李忠秋 著

電子工業出版社
Publishing House of Electronics Industry
北京 · BEIJING

图书在版编目（CIP）数据

透过结构看世界：洞悉本质的思考艺术 / 李忠秋著 . —北京：电子工业出版社，2015.10
ISBN 978-7-121-27373-5

Ⅰ . ①透… Ⅱ . ①李… Ⅲ . ①企业管理—人力资源管理 Ⅳ . ① F272.92

中国版本图书馆 CIP 数据核字 (2015) 第 239468 号

策划编辑：晋　晶
责任编辑：李慧君
印　　刷：天津千鹤文化传播有限公司
装　　订：天津千鹤文化传播有限公司
出版发行：电子工业出版社
　　　　　北京市海淀区万寿路 173 信箱　邮编：100036
开　　本：720×1000　1/16　印张：14　字数：172 千字
版　　次：2015 年 10 月第 1 版
印　　次：2023 年 4 月第 34次印刷
定　　价：58.00 元

凡所购买电子工业出版社图书有缺损问题，请向购买书店调换。若书店售缺，请与本社发行部联系，联系及邮购电话：（010）88254888，88258888。
质量投诉请发邮件至 zlts@phei.com.cn，盗版侵权举报请发邮件至 dbqq@phei.com.cn。
本书咨询联系方式：（010）88254199，sjb@phei.com.cn。

序言

我们时刻在改造着客观世界——自然界与人类社会，以创造物质文明、政治文明、精神文明和生态文明，促进社会的进步与发展。与此同时，人类必须改造自己的主观世界——提升认识客观事物的能力。因为只有当我们的主观认识符合客观实际，把握住客观事物的本质及其发展规律的时候，才能在改造客观世界的时候获得成功，否则必然遭到失败。

从结构视角审视问题，容易把握事物本质

思考力比知识更重要。特别是在当下以互联网为特征的信息时代，一方面是海量信息的冲击，另一方面是新科技带来的快速变化，我们亟须改变思维方式，提升思维能力。“思路决定出路”已越来越成为人们的共识。

我们不妨先回顾一个大家都比较熟悉的历史故事——田忌赛马。

战国时期，齐国的大将田忌很喜欢赛马。有一回，他和齐威王约定，要进行一场比赛。他们商量好，把各自的马分成上、中、下三等。比赛的时候，要上等马对上等马，中等马对中等马，下等马对下等马。由于齐威王每个等级的马都比田忌的马强得多，所以比赛了几次，田忌都失败了。田忌觉得很扫兴，比赛还没有结束，就垂头丧气地离开了赛马场。

这时，田忌抬头一看，人群中有个人，原来是自己的好朋友

孙膑。孙膑招呼田忌过来，拍着他的肩膀说："我刚才看了赛马，齐威王的马比你的马快不了多少呀。"孙膑还没有说完，田忌瞪了他一眼："想不到你也来挖苦我！"孙膑说："我不是挖苦你，我是说你再同他赛一次，我有办法让你赢。"田忌疑惑地看着孙膑："你是说另换一匹马来？"孙膑摇摇头说："一匹马也不需要更换。"田忌毫无信心地说："那还不是照样得输！"孙膑胸有成竹地说："你就按照我的安排办吧。"

齐威王屡战屡胜，正在得意扬扬地夸耀自己马匹的时候，看见田忌陪着孙膑迎面走来，便站起来讥讽地说："怎么，莫非你还不服气？"田忌说："当然不服气，咱们再赛一次！"说着，"哗啦"一声，把一大堆银钱倒在桌子上，作为他的赌注。齐威王一看，心里暗暗好笑，于是吩咐手下，把前几次赢得的银钱全部抬来，另外又加了一千两黄金，也放在桌子上。齐威王轻蔑地说："那就开始吧！"

一声锣响，比赛开始了。孙膑先以下等马对齐威王的上等马，第一局输了。齐威王站起来说："想不到赫赫有名的孙膑先生，竟然想出这样拙劣的对策。"孙膑未吱声。接着进行第二场比赛。孙膑以田忌的上等马对齐威王的中等马，获胜了一局。齐威王有点心慌意乱了。第三局比赛，孙膑以田忌的中等马对齐威王的下等马，又战胜了一局。这下齐威王目瞪口呆了。比赛的结果是三局两胜，当然是田忌赢了齐威王。

还是同样的马，由于调换了比赛的出场顺序，田忌就得到转败为胜的结果。可见思维方式的改变是田忌在赛马中取胜的关键。

为什么孙膑只是调换了马出场的顺序，就能转败为胜呢？

是因为孙膑改变了田忌参赛时出马的“结构”！

大家看，原来的比赛结构是：上等马对上等马，中等马对中等马，下等马对下等马。改变后的比赛结构是：下等马对上等马，上等马对中等马，中等马对下等马。由于这种“结构”的改变，导致了赛马性质的变化——由 0 ∶ 3 输，变为 2 ∶ 1 胜。

这样的事例数不胜数。它告诉我们，“结构思考力”犹如我们观察世界的“望远镜”与“显微镜”，是我们剖析具体事物的“手术刀”。如果我们能够“透过结构看世界”，就可以迅速地了解事物的全貌、本质、内外部的联系、发展趋势，进而做出正确的判断、决策，把事情做正确。

“不识庐山真面目，只缘身在此山中。”苏东坡先生的这句诗大家耳熟能详。“透过结构看世界”就有站在山外看此山的含义，但又有不同。“透过结构看世界”首先是站在“圈外”看“圈内”（站在山外看此山的另一种说法），把握住事物的全貌，剖析具体事物的内部结构，达到高效分析问题、解决问题的目的。

潜移默化的思考结构存在偏差，阻碍了人们的视角

同一件事物、同一个问题，人们对它的描述、对它的见解，很少有一致的时候，往往是众说纷纭。

我们先看下面几幅图画（见图 0-1 至图 0-3）。

图 0-1　思考结构（1）

从图 0-1 中你能看到几种动物?

有大象、马、猩猩、狗、猫，还有老鼠。

从图 0-2 中我们看到的是一个男士在吹萨克斯，还能看到一个美女的脸。

图 0-2　思考结构（2）

从图 0-3 中你能看出既是一个少女又是一个老妇人吗?

图 0-3 思考结构（3）

像这样的图还有很多，大家的描述是不同的。因为大家看的角度不同、学识不同、生活经验不同、思维方式也不同，所以造成了大家对同一事物、同一问题的见解也不同。这是非常正常的。若是人们对同一事物、同一问题的解决方法完全相同，那反而是不正常的。

所以我们会发现，与物质世界一样，人的思考本身就具备某种结构，让我们潜移默化地从结构的视角来审视问题。这种结构源于人们过往的学习与经历，它深植于人们的心中，时刻影响着我们对事物的认知。在做决策的时候，人们看待和分析问题采用的不同思考结构，决定了人们看待问题的不同视角，思考结构让我们的注意力吸引到问题的某些方面，同时也会淡化问题的另一些方面，让其隐藏于我们的视线之外。

同时，思考结构非常隐性地存在于人们的心智模式中，通常不易被自己察觉，潜移默化地影响着人们的思考和决策。而人们的学习与经历都有着一定的局限性，因此思考结构又是片面的、主观的、有缺陷的。我们需要随时调整自己的思考结构，使我们对事物的认知更接近其本质。

到底该如何觉察我们的思考结构，并有效地对其干预，从而提高我们的思考质量呢？

结构思考力助力觉察并改善自身思考结构

结构思考力正是可以帮助我们觉察自身思考结构，更好地从结构的视角审视身边的事物和问题，从而提高思考质量的一种思考艺术。我们出版此书的任务与目的，就是与大家分享我们在这方面的研究成果，改变我们传统的思维方式或心智模式，提升我们的思考力，更清晰、更准确、更明了地表达我们对事物的认知，更迅速地使团队成员达成共识，从而更好地在工作岗位上有所作为，获得事业与人生的成功，体现自己的人生价值。

此书共 3 篇，分别为理念篇、方法篇和应用篇（见图 0-4）。

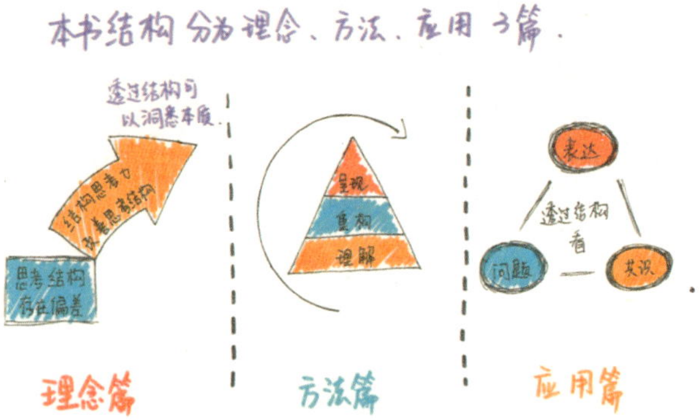

图 0-4　全书结构

理念篇：重点介绍结构思考力的原理、理论依据与基本模型（结构思考力三层次模型）。

方法篇：基于结构思考力的三层次模型，分别从理解、重构、呈现三个方面对结构思考力具体的方法、工具展开阐述。

应用篇：分别介绍结构思考力在表达、问题解决、会议共识三个方面的实际应用。

为了便于大家在实际工作中运用结构思考力，附录给大家提供了大量结构思考力的实用工具，大家可以通过把理论学习与实践体验结合起来，在应用中掌握结构思考力的方法。

感谢华商基业的王琳老师，当年是她将我带入结构化思考领域，并让我越发地感受到其中的价值和魅力；感谢电子工业出版社晋晶女士和她的团队，因为有他们一直以来对结构思考力学院和我个人的鼓励和支持，才有了结构思考力系列丛书的陆续出版；感谢结构思考力学院讲师团队的所有老师，因为有这样一个优秀的专业团队一起努力研究，才能在2014年《结构思考力》出版热销以后，产出这么多新的研究成果并凝成本书。感谢我的同事杨佳欣，将我运用本书理念绘制的潦草的插图初稿，重新绘制得如此精致，并成为本书的一大亮点。最后，要特别感谢我的爱人李雪一直以来对我无怨无悔的支持和鼓励。

结构思考力不但是一种帮助我们洞悉事物本质的思考艺术，更是一种透过结构看世界的生活习惯和生活态度。当一个人习惯了以结构的视角去审视身边的事物和问题时，一定可以让我们把事物看得清晰、全面，生活和工作也会变得非常有条理和高效。希望通过本书的学习，能够开启大家透过结构看世界的旅程，让我们一起做到“思考清晰、表达有力，生活清爽、工作高效”。

由于时间关系，加上学识水平有限，书中肯定存在不足之处，欢迎广大读者不吝赐教！

李忠秋

目录

扫一扫，跟李忠秋一起透过结构看世界！

回复正文中各章节后面的关键词，获取电子版手绘 PPT

结构思考力学院
STRUCTURE THINKING COLLEGE
改善国人思维领导品牌
透过结构看世界
—— 洞悉本质的思考艺术
@ 李忠秋

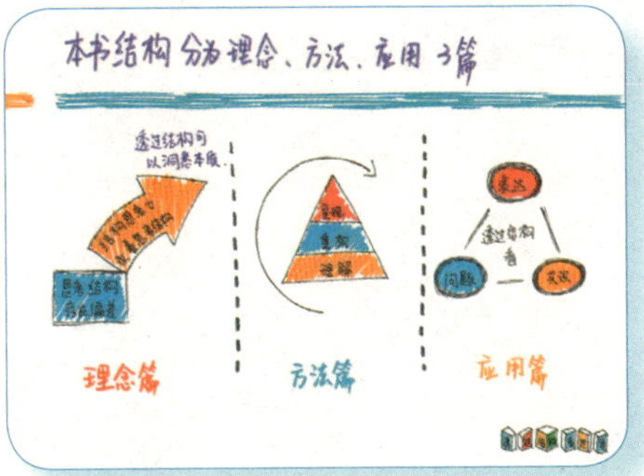
本书结构 分为理念、方法、应用 3篇
透过结构可以洞悉本质.
思考结构存在偏差
透过结构看
理念篇
方法篇
应用篇

理念篇：结构思考力的核心理念
透过结构可以洞悉本质
结构思考力改善思考结构
思考结构存在偏差

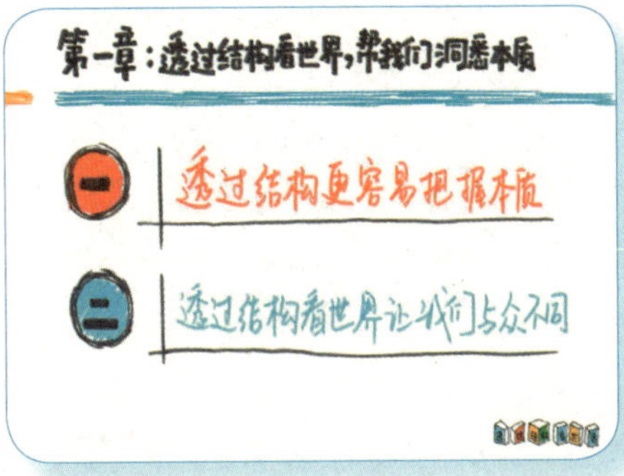
第一章：透过结构看世界，帮我们洞悉本质
一 透过结构更容易把握本质
二 透过结构看世界让我们与众不同

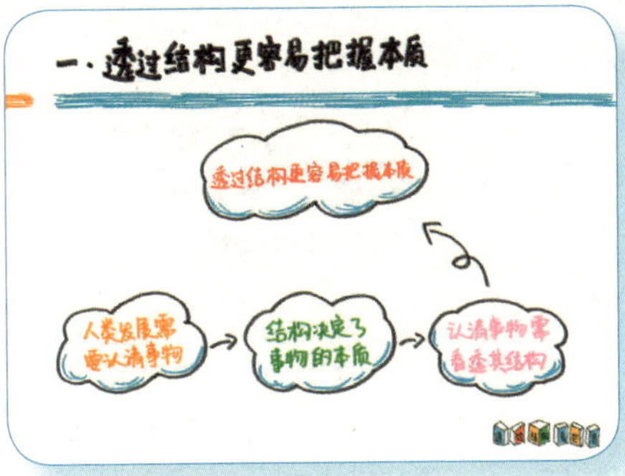
一、透过结构更容易把握本质
透过结构更容易把握本质
人类发展需要认清事物
结构决定了事物的本质
认清事物需看透其结构

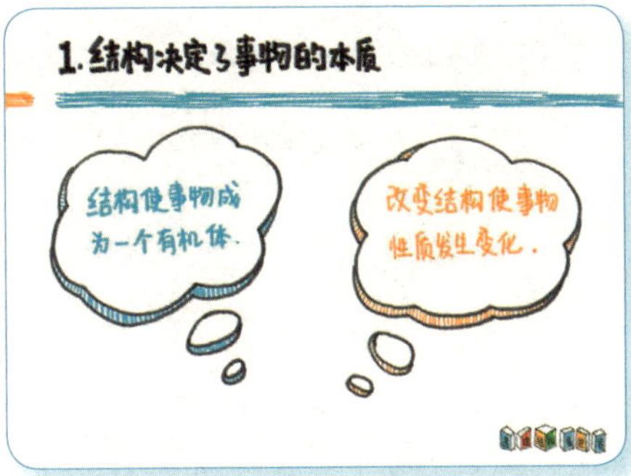
1.结构决定了事物的本质
结构使事物成为一个有机体.
改变结构使事物性质发生变化.

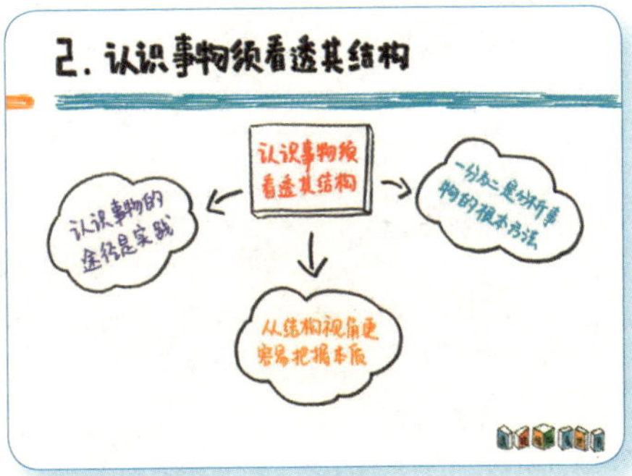
2. 认识事物须看透其结构
认识事物须看透其结构
认识事物的金钥是实践
一分为二是分析事物的根本方法
从结构视角更容易把握本质

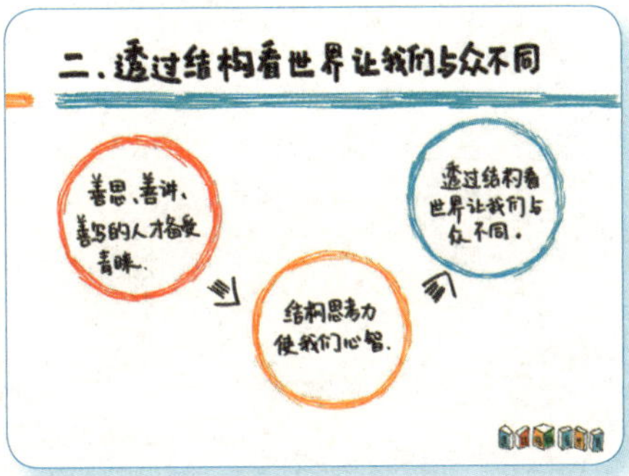
二、透过结构看世界让我们与众不同
善思、善讲、善写的人才备受青睐.
结构思考力使我们心智.
透过结构看世界让我们与众不同.

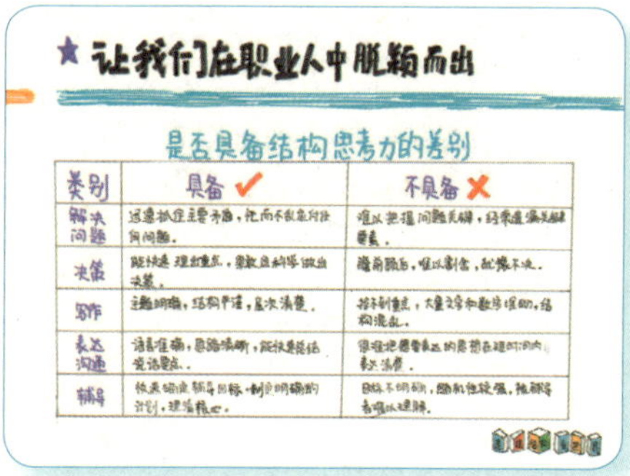

类别	具备 ✔	不具备 ✘
解决问题	迅速抓住主要矛盾，从而不纠缠于次要问题。	难以把握问题关键，经常遗漏关键要素。
决策	能快速理出重点，果敢且科学地做出决策。	瞻前顾后，难以割舍，犹豫不决。
写作	主题明确，结构严谨，层次清楚。	抓不到重点，大量文字和数据堆砌，结构混乱。
表达沟通	语言准确，思路清晰，能快速总结说话要点。	很难把想要表达的思想在短时间内表达清楚。
辅导	快速明确辅导目标，制定明确的计划，建立信心。	目标不明确，随机性较强，被辅导者难以理解。

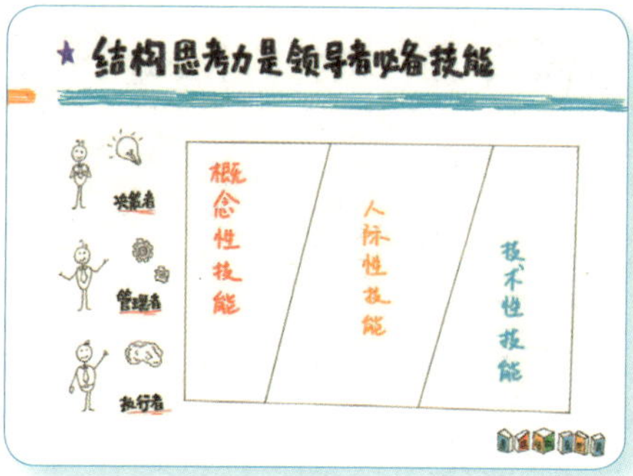

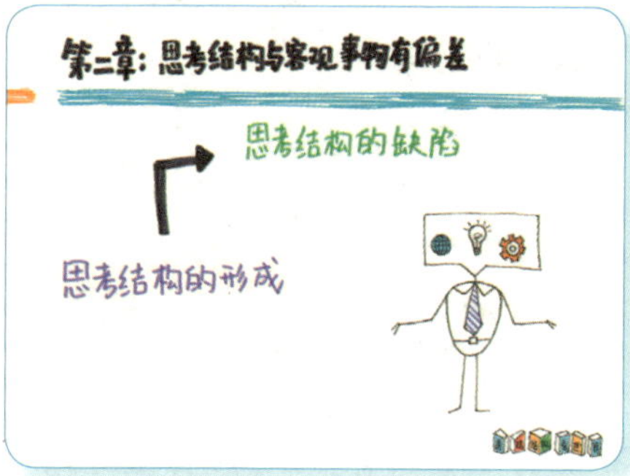

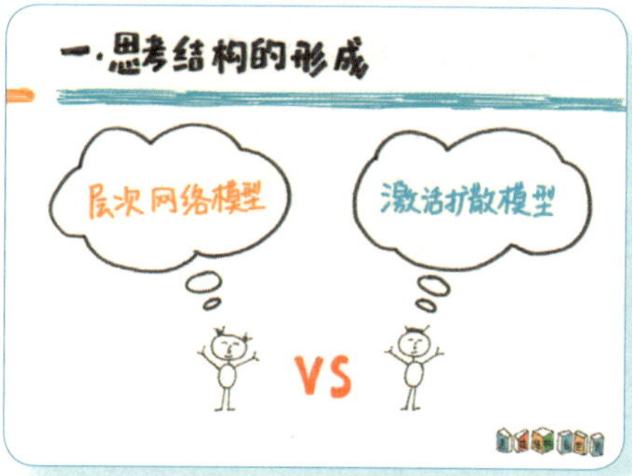

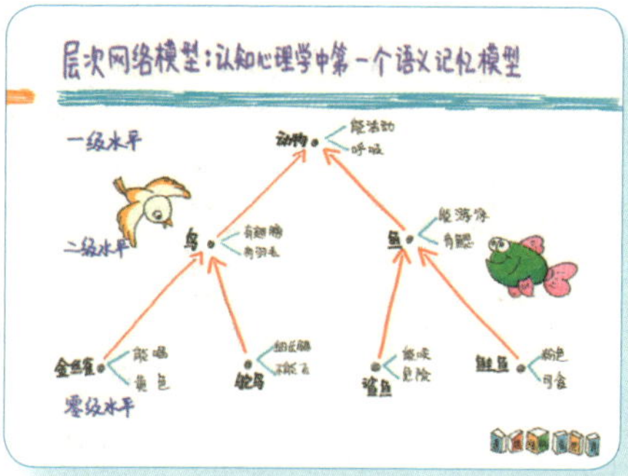

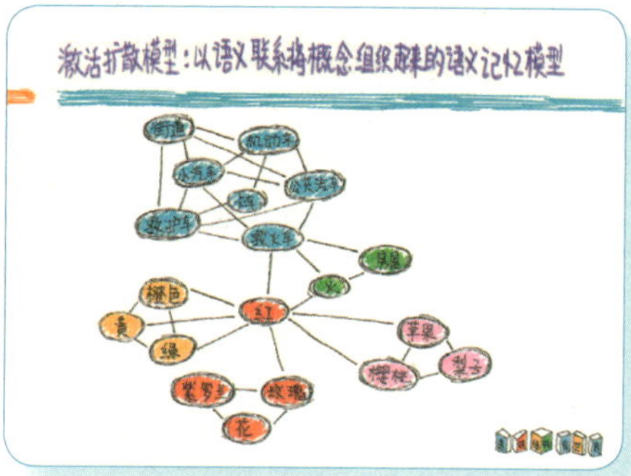

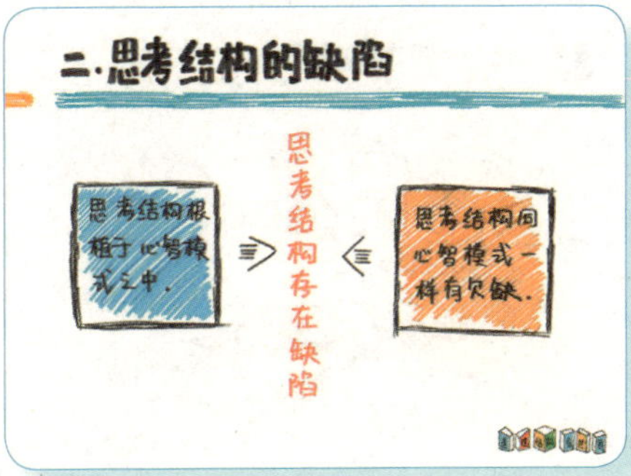

二.思考结构的缺陷
思考结构根植于心智模式之中.
思考结构存在缺陷
思考结构同心智模式一样有欠缺.

第三章：结构思考力科学改善思维
一.培养意识
二.掌握方法

一.培养意识：养成优化思考结构的习惯
换位思考

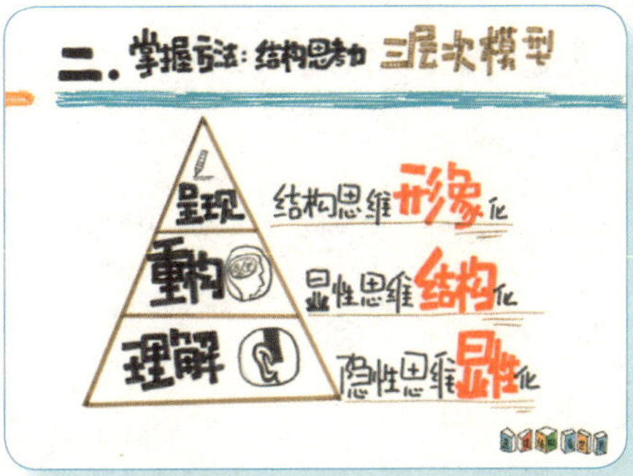

二.掌握方法：结构思考力 三层次模型
呈现
重构
理解
结构思维形象化
显性思维结构化
隐性思维显性化

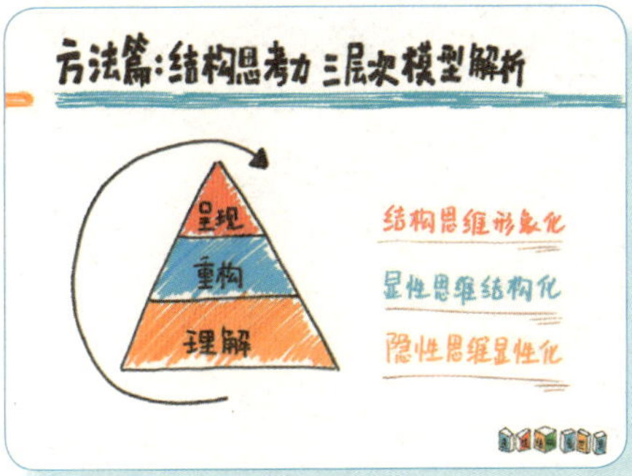

方法篇：结构思考力 三层次模型解析
呈现
重构
理解
结构思维形象化
显性思维结构化
隐性思维显性化

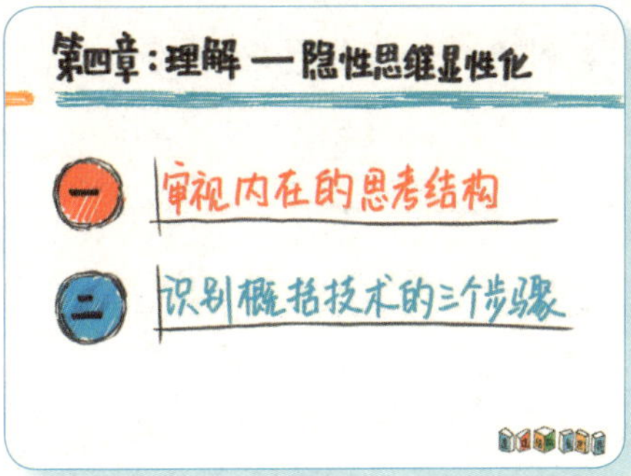

第四章：理解 — 隐性思维显性化
一
审视内在的思考结构
二
识别概括技术的三个步骤

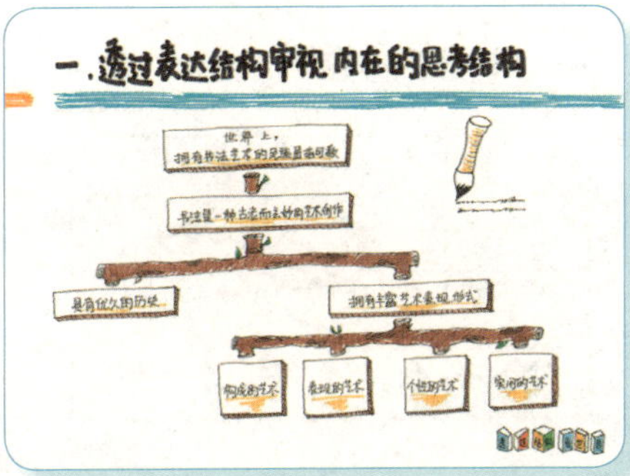

一.透过表达结构审视内在的思考结构
世界上，拥有书法艺术的民族屈指可数
书法是一种古老而美妙的艺术创作
具有悠久的历史
拥有丰富艺术表现形式
构成的艺术
表现的艺术
个性的艺术
空间的艺术

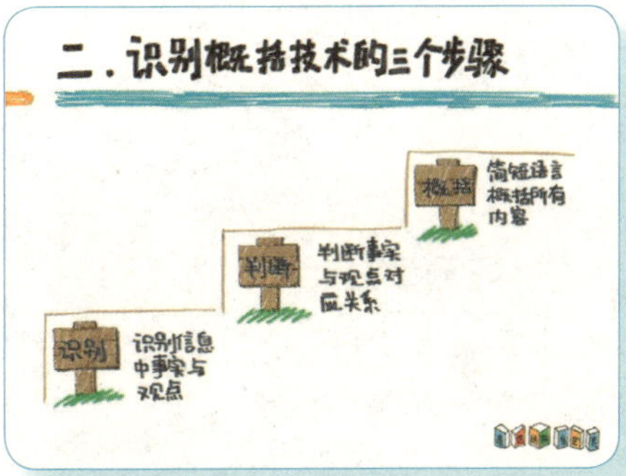

二.识别概括技术的三个步骤
识别
识别信息中事实与观点
判断
判断事实与观点对应关系
概括
简短语言概括所有内容

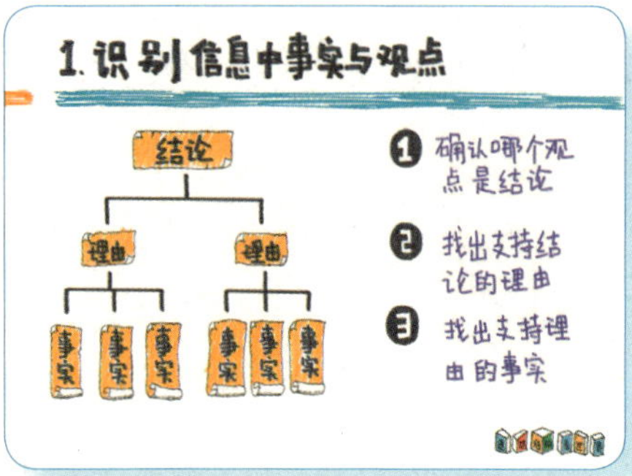
1. 识别信息中事实与观点
结论
理由
理由
事实
事实
事实
事实
事实
事实
❶ 确认哪个观点是结论
❷ 找出支持结论的理由
❸ 找出支持理由的事实

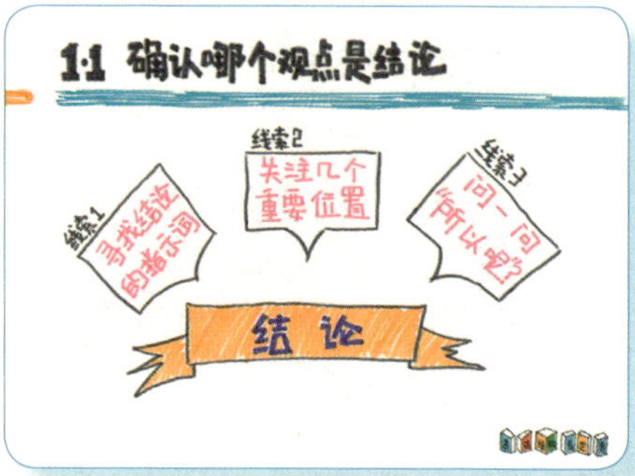
1.1 确认哪个观点是结论
线索1
寻找结论的指示词
线索2
关注几个重要位置
线索3
问一问"所以呢?"
结论

1.2 找出支持结论的理由
线索1
寻找理由提示词
理由
线索2
问一问"为什么呢"

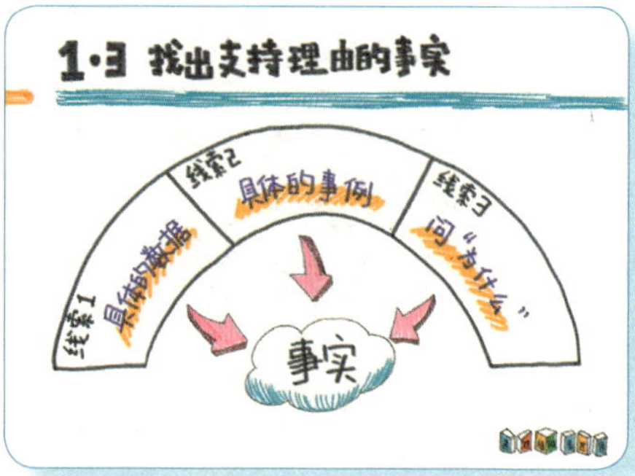
1.3 找出支持理由的事实
线索1
具体的数据
线索2
具体的事例
线索3
问"为什么"
事实

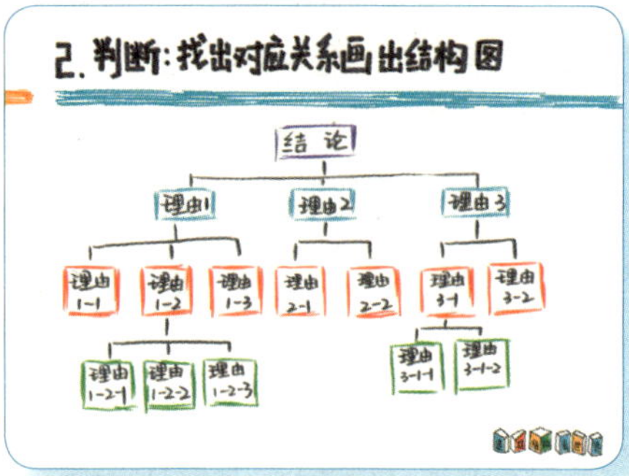
2. 判断：找出对应关系画出结构图
结论
理由1
理由2
理由3
理由1-1
理由1-2
理由1-3
理由2-1
理由2-2
理由3-1
理由3-2
理由1-2-1
理由1-2-2
理由1-2-3
理由3-1-1
理由3-1-2

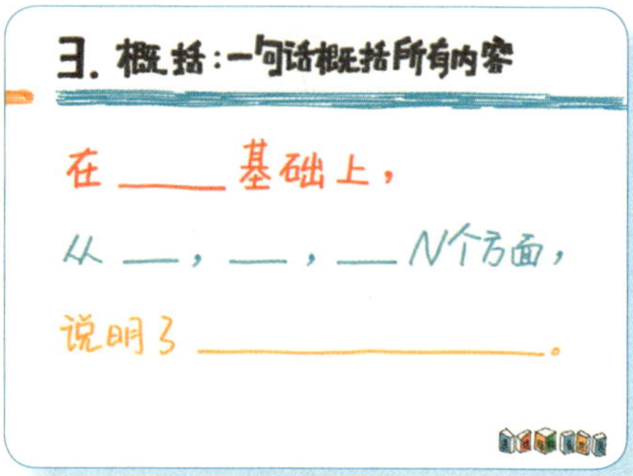
3. 概括：一句话概括所有内容
在 ____ 基础上，
从 __，__，__ N个方面，
说明了 ________。

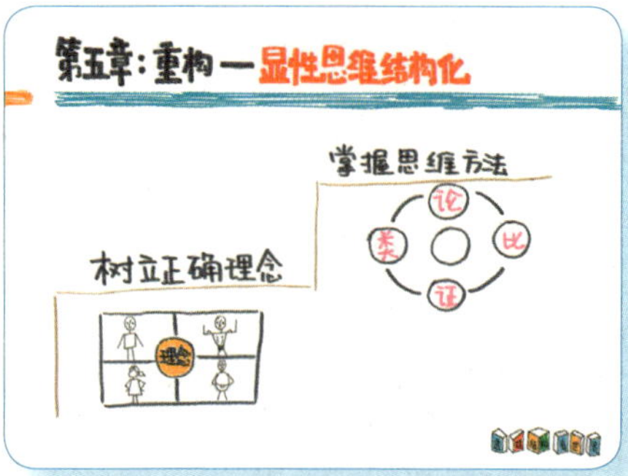
第五章：重构一显性思维结构化
掌握思维方法
论
类
比
证
树立正确理念
理念

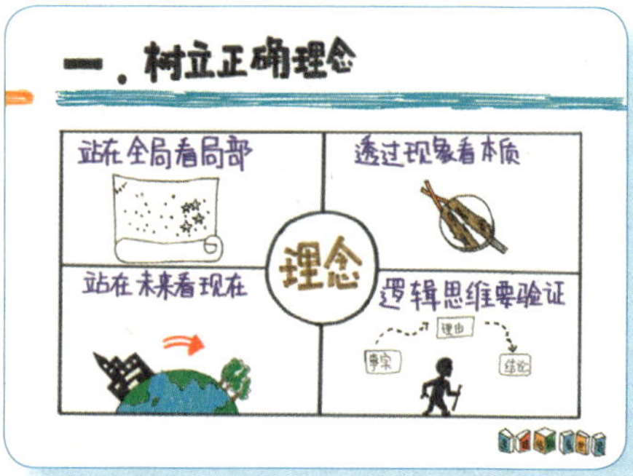
一. 树立正确理念
站在全局看局部
透过现象看本质
理念
站在未来看现在
逻辑思维要验证
理由
事实
结论

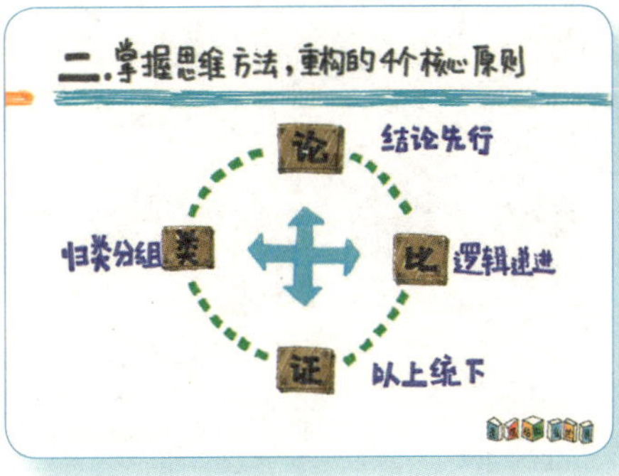
二.掌握思维方法，重构的4个核心原则
论
结论先行
归类分组
类
比
逻辑递进
证
以上统下

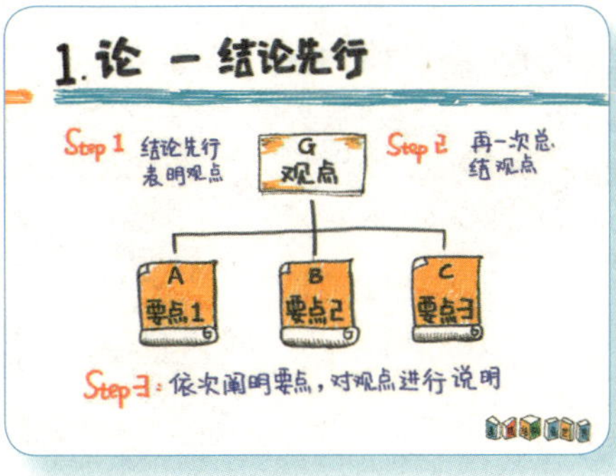
1.论 — 结论先行
Step 1 结论先行 表明观点
G 观点
Step 2 再一次总结观点
A 要点1
B 要点2
C 要点3
Step 3：依次阐明要点，对观点进行说明

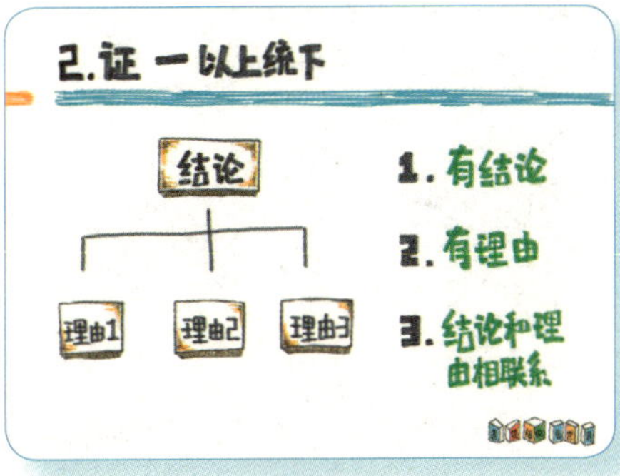
2.证 — 以上统下
结论
理由1
理由2
理由3
1. 有结论
2. 有理由
3. 结论和理由相联系

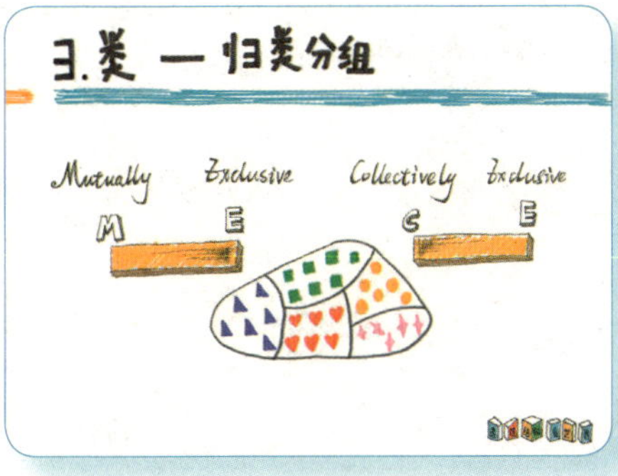
3.类 — 归类分组
Mutually
Exclusive
Collectively
Exclusive
M
E
C
E

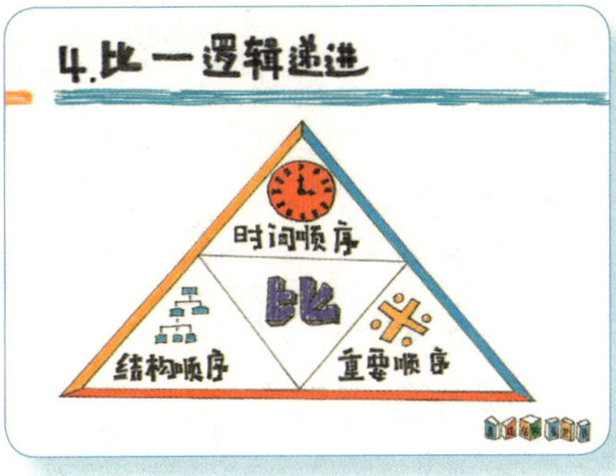
4.比 — 逻辑递进
时间顺序
比
结构顺序
重要顺序

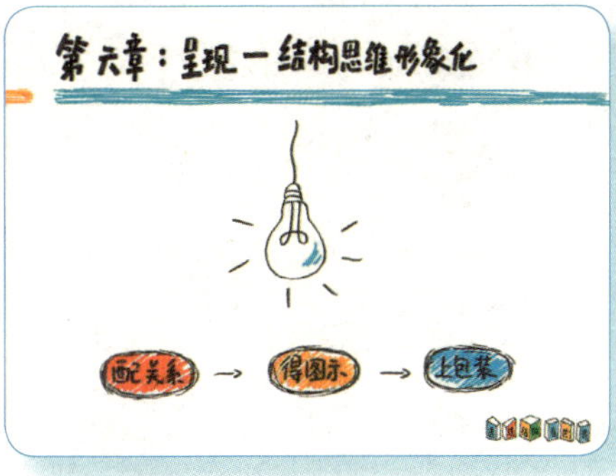
第六章：呈现 — 结构思维形象化
配关系
得图示
上包装

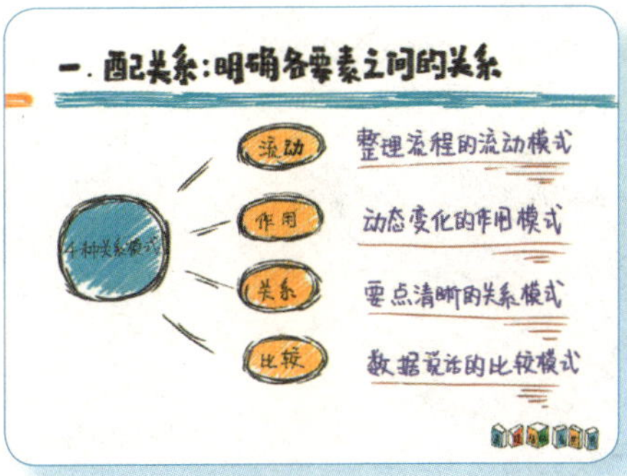
一.配关系：明确各要素之间的关系
4种关系模式
流动
整理流程的流动模式
作用
动态变化的作用模式
关系
要点清晰的关系模式
比较
数据说话的比较模式

1.流动：整理流程的流动模式
流程
循环
连锁
关联
流动模式的4种关系

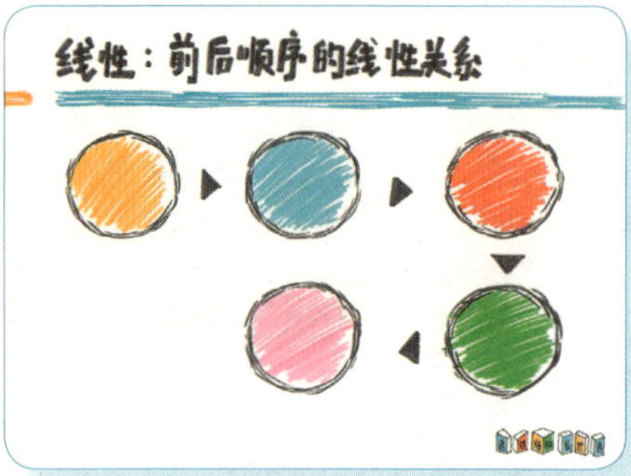
线性：前后顺序的线性关系

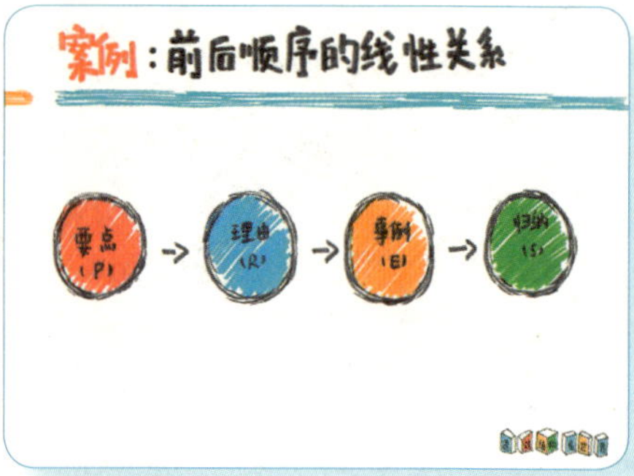
案例：前后顺序的线性关系
要点（P）
理由（R）
事例（E）
归纳（S）

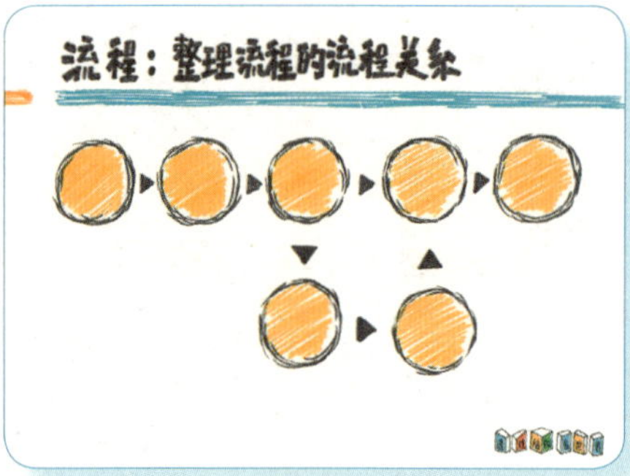
流程：整理流程的流程关系

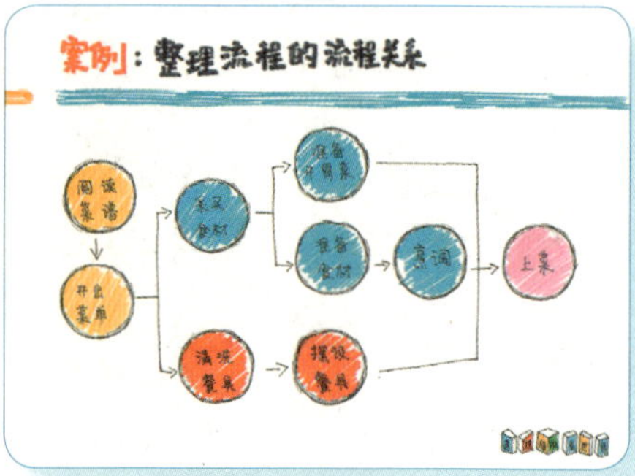
案例：整理流程的流程关系
阅读菜谱
采买食材
准备开胃菜
准备食材
烹调
上菜
清洗餐具
摆设餐具

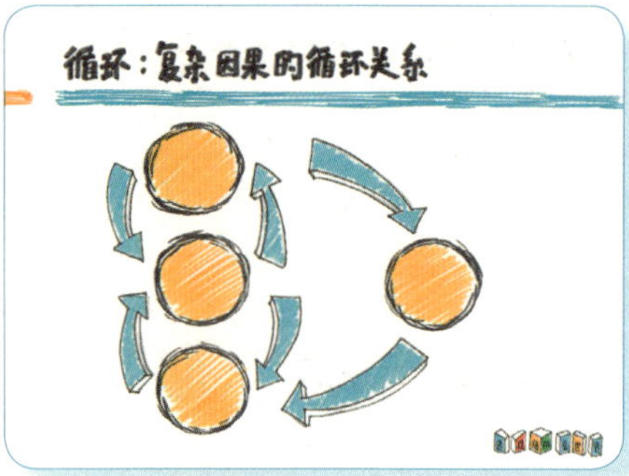
循环：复杂因果的循环关系

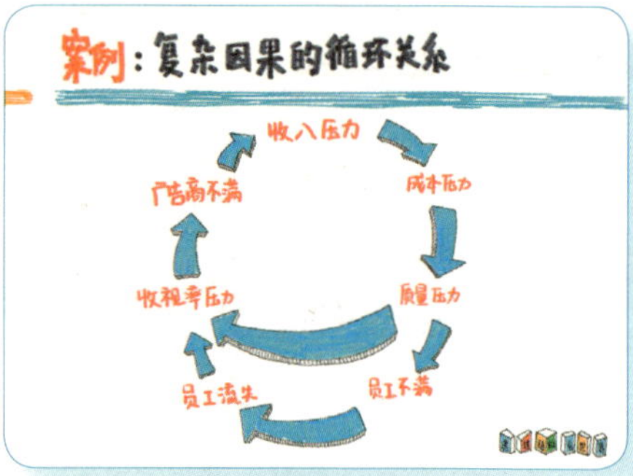
案例：复杂因果的循环关系
收入压力
成本压力
质量压力
员工不满
员工流失
收视率压力
广告商不满

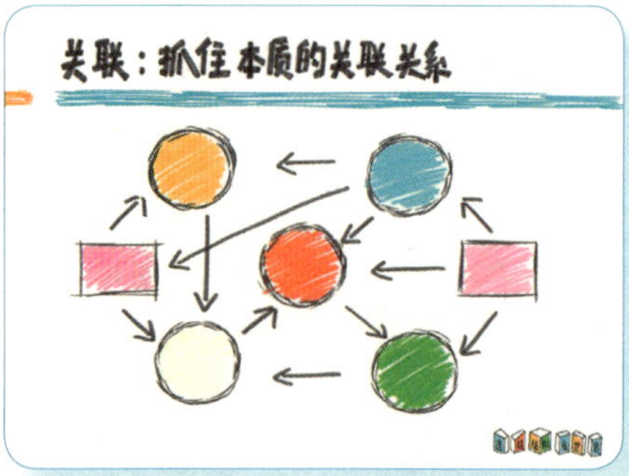
关联：抓住本质的关联关系

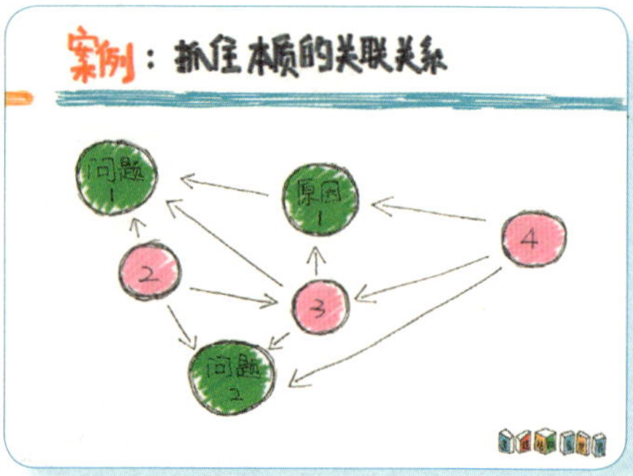
案例：抓住本质的关联关系
问题 1
原因 1
4
2
3
问题 2

2. 作用：动态变化的作用模式
平衡
合力
阻碍
对立
作用模式的4种关系

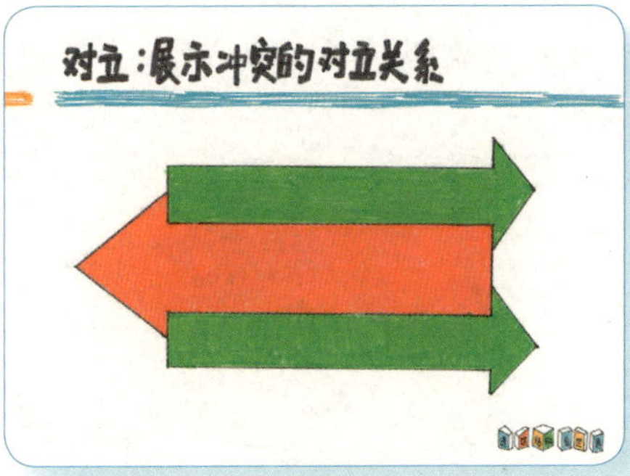
对立：展示冲突的对立关系

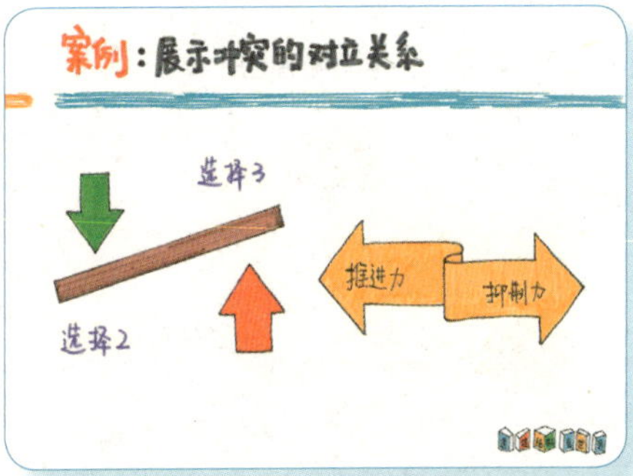
案例：展示冲突的对立关系
选择3
选择2
推进力
抑制力

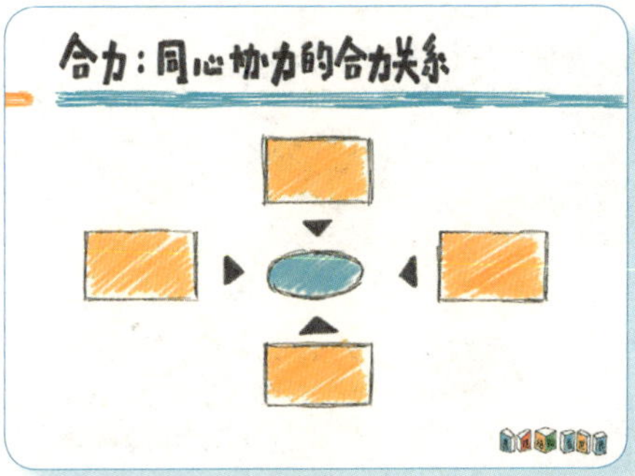
合力：同心协力的合力关系

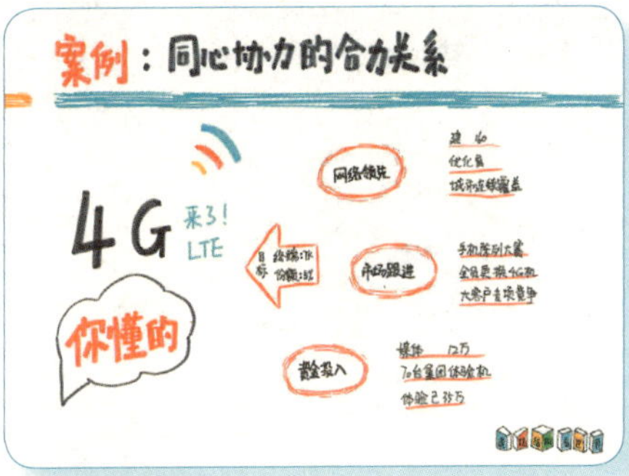
案例：同心协力的合力关系
4G
来了！
LTE
你懂的
网络领先
市场跟进

平衡：观点比较的平衡关系

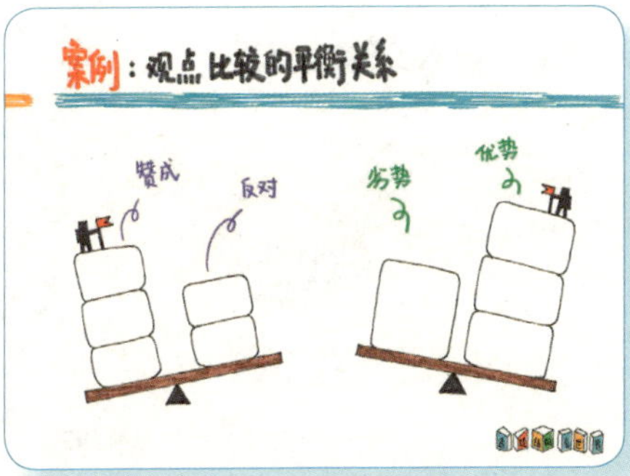
案例：观点比较的平衡关系
赞成
反对
劣势
优势

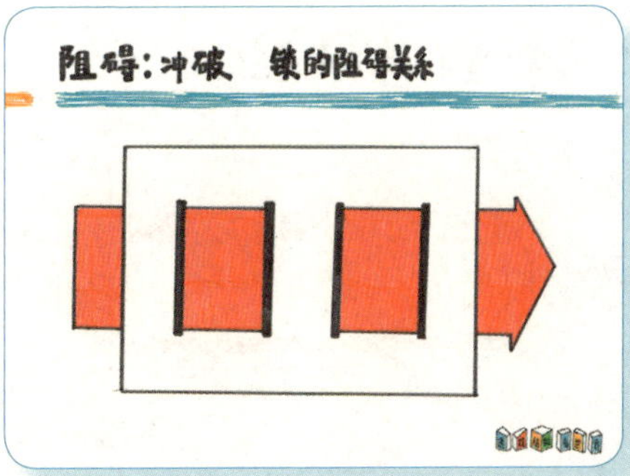
阻碍：冲破 锁的阻碍关系

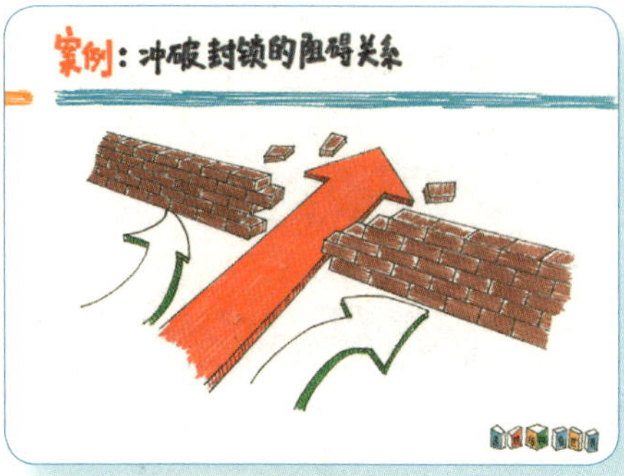

案例：冲破封锁的阻碍关系

3. 关系：要点清晰的联系模式
分割
包含
重叠
并列

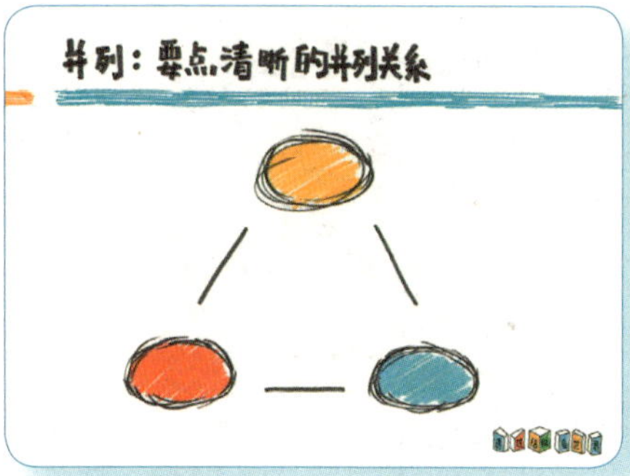

并列：要点清晰的并列关系

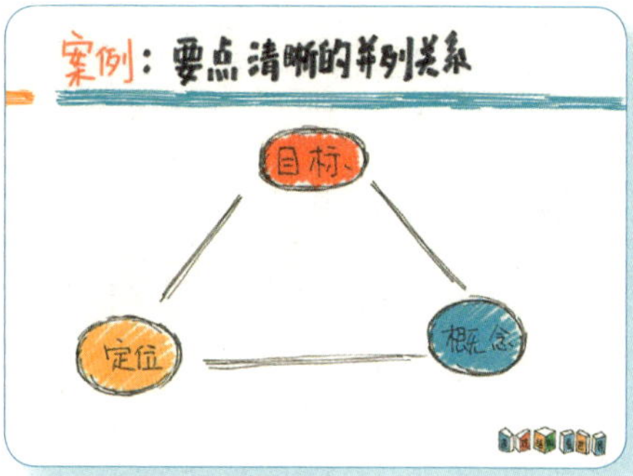

案例：要点清晰的并列关系
目标
定位
概念

重叠：激发创意的重叠关系

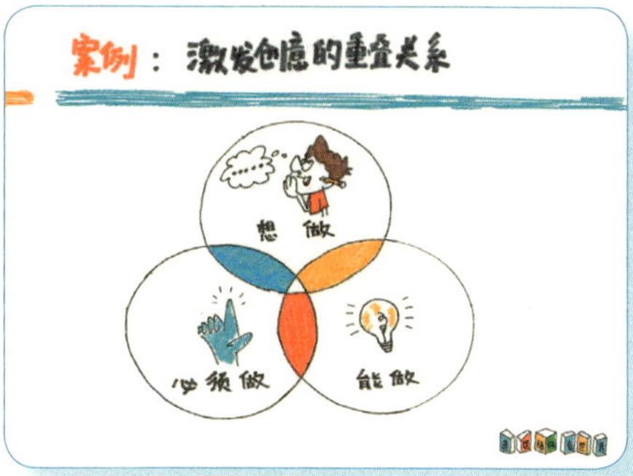

案例：激发创意的重叠关系
想做
必须做
能做

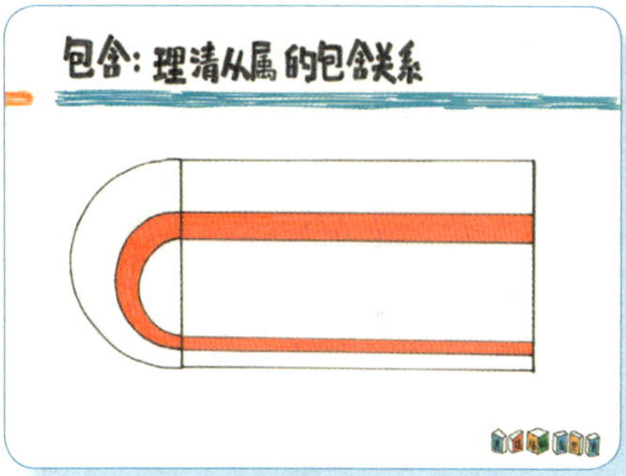

包含：理清从属的包含关系

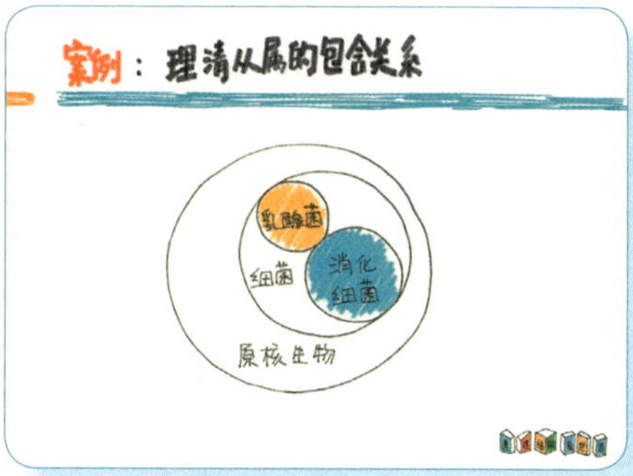

案例：理清从属的包含关系
乳酸菌
细菌
消化细菌
原核生物

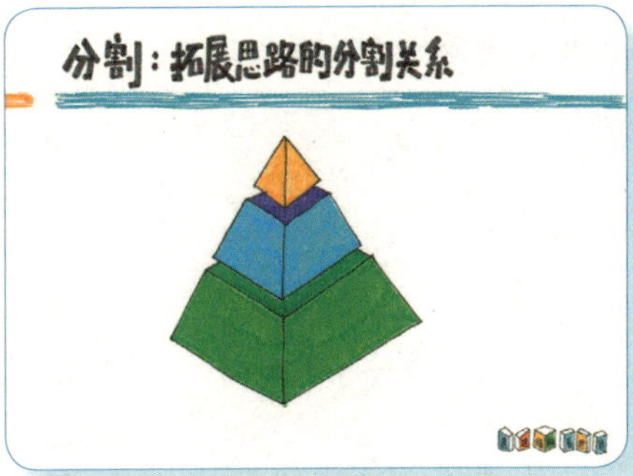
分割：拓展思路的分割关系

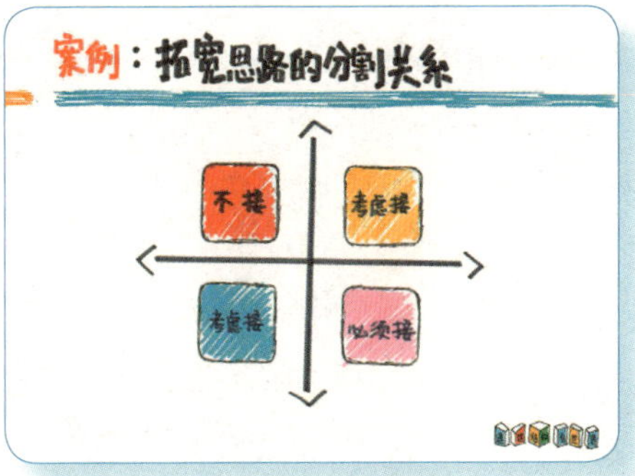
案例：拓宽思路的分割关系
不接
考虑接
考虑接
必须接

4. 比较：数据说话的比较模式
排序
序列
成分
关联

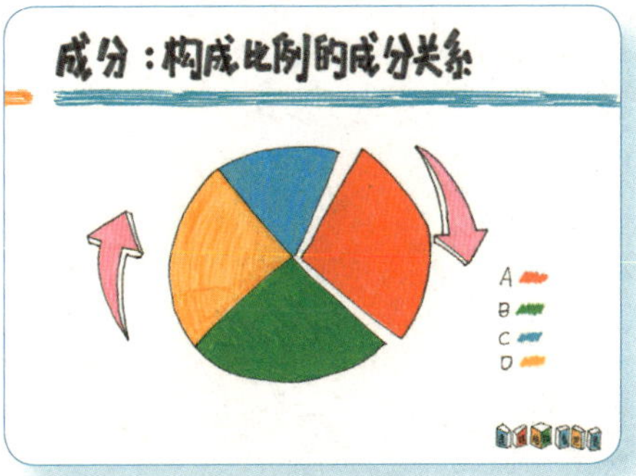
成分：构成比例的成分关系
A
B
C
D

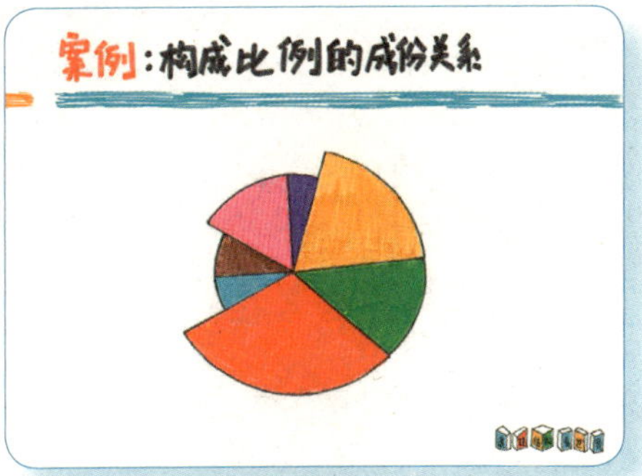
案例：构成比例的成份关系

排序：数值大小的排序关系

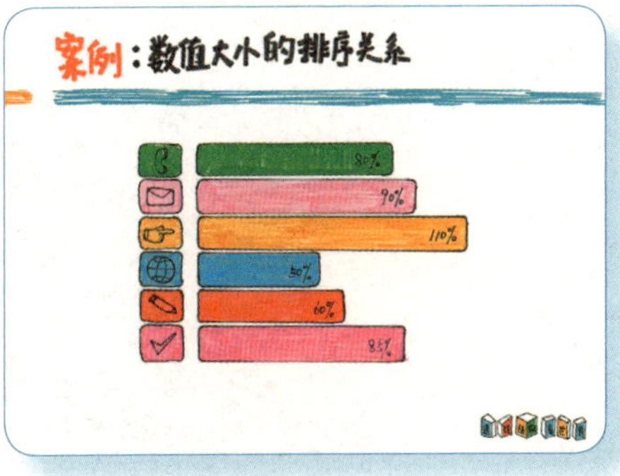
案例：数值大小的排序关系
80%
90%
110%
50%
60%
85%

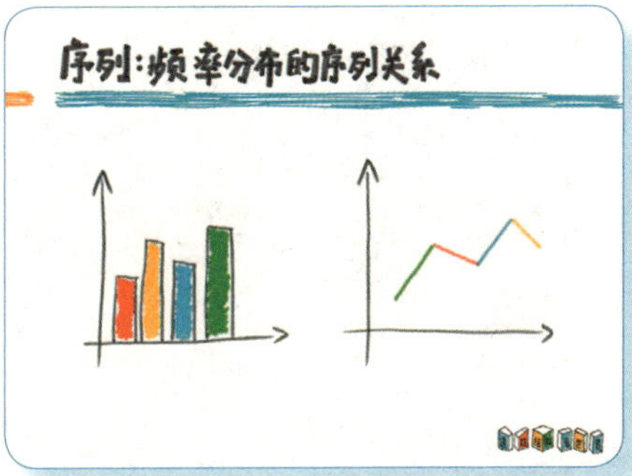
序列：频率分布的序列关系

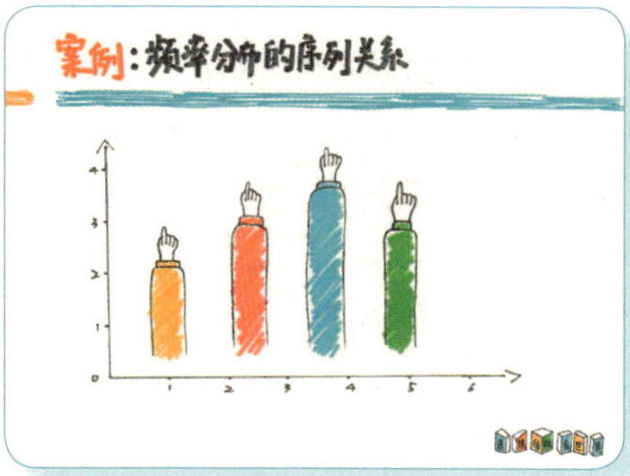
案例：频率分布的序列关系

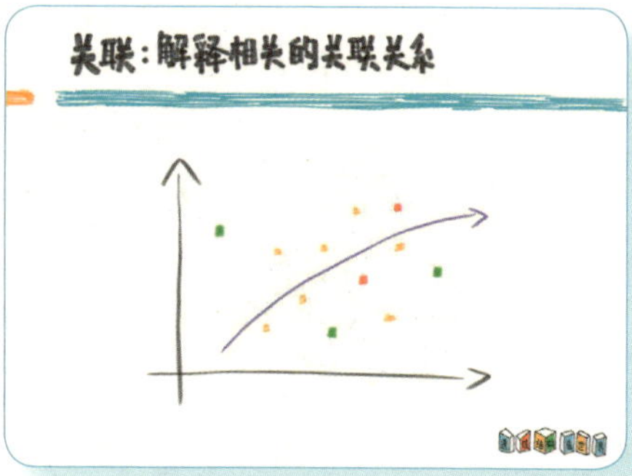
关联：解释相关的关联关系

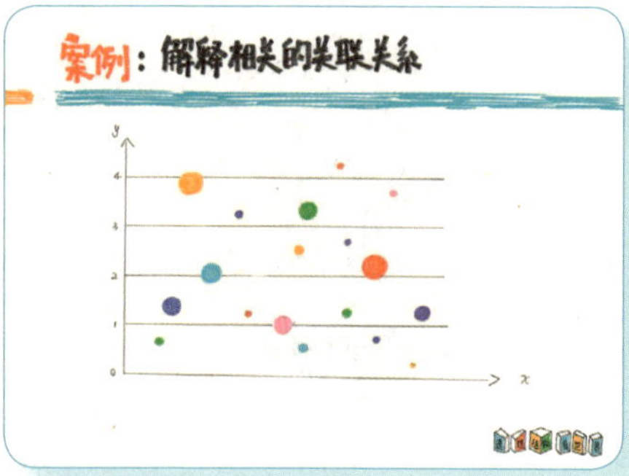
案例：解释相关的关联关系

二.得图示：根据关系选择匹配的图示

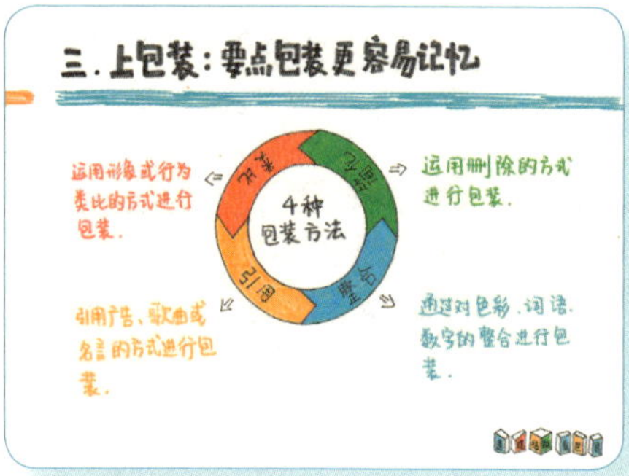
三.上包装：要点包装更容易记忆
4种
包装方法
类比
整合
引用
运用形象或行为类比的方式进行包装.
运用删除的方式进行包装.
引用广告、歌曲或名言的方式进行包装.
通过对色彩、词语、数字的整合进行包装.

简化案例1：因时而动　升降有方
因时而动
升降有方
—— 优化指标，降本增效
优
优化生产指标
节
降低管理成本
增
开源做增

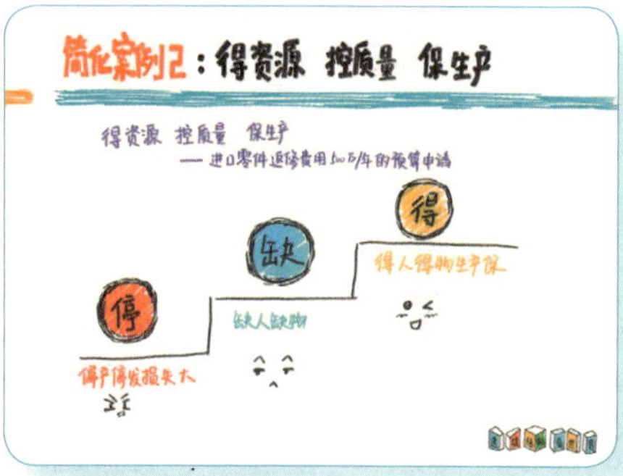
简化案例2：得资源　控质量　保生产
得资源　控质量　保生产
停
缺
得
停产停发损失大
缺人缺物
得人得物生产保

类比案例1：水涨船高
企业
员工
增：增加业务收入
优：优化业务组合
激：激励员工
提：提高收入

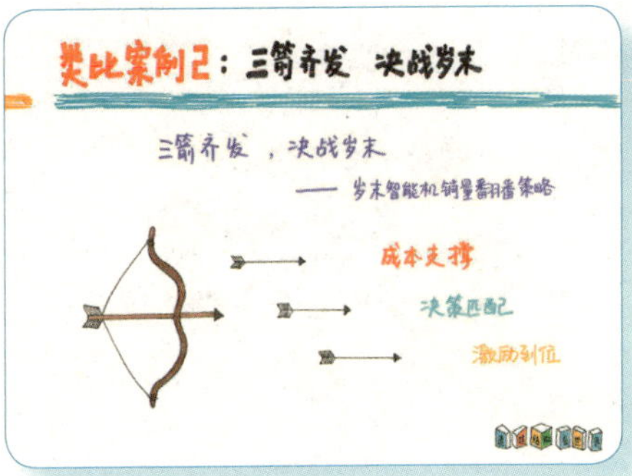

类比案例2：三箭齐发 决战岁末
三箭齐发，决战岁末
—— 岁末智能机销量翻番策略
成本支撑
决策匹配
激励到位

引用案例1：深改四部曲
深改四部曲
— 培训业务深化改革方案
"一曲"
十面埋伏
拓渠道
"二曲"
大浪淘沙
优结构
"三曲"
梅花三弄
整资源
"四曲"
行云流水
建机制

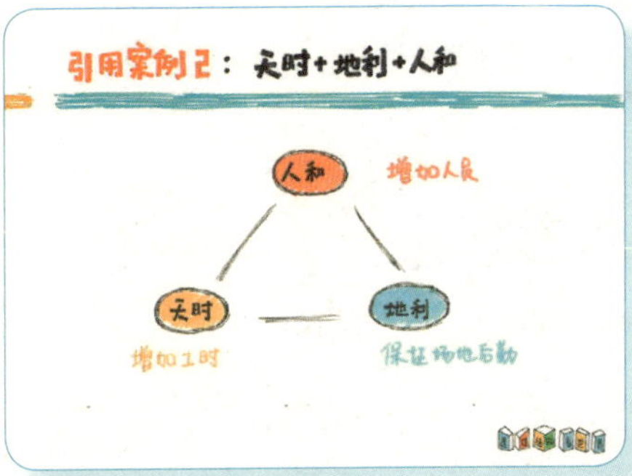

引用案例2：天时+地利+人和
人和
增加人员
天时
增加工时
地利
保证场地后勤

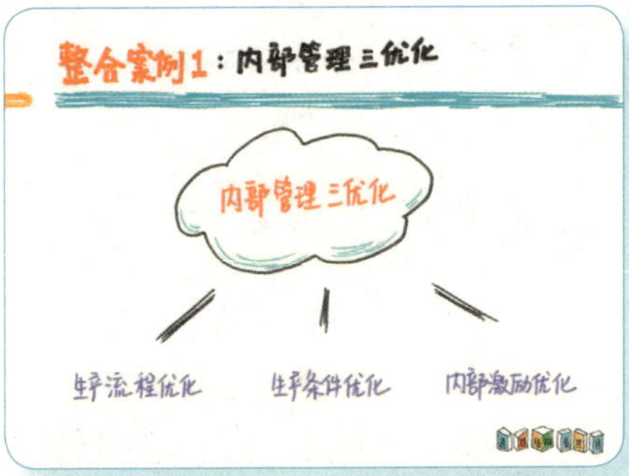

整合案例1：内部管理三优化
内部管理三优化
生产流程优化
生产条件优化
内部激励优化

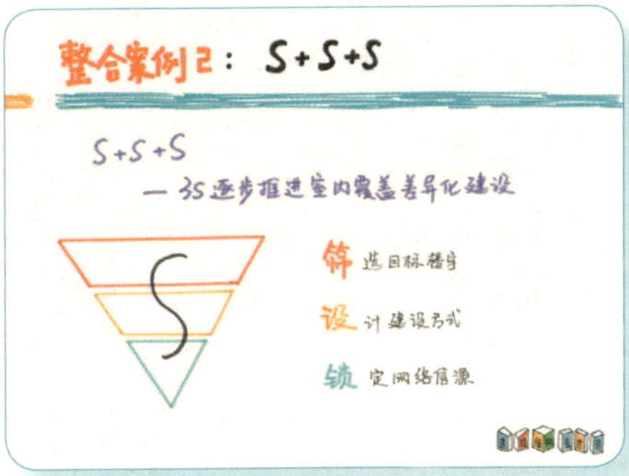

整合案例2：S+S+S
S+S+S
— 3S逐步推进室内覆盖差异化建设
筛 选目标楼宇
设 计建设方式
锁 定网络信源

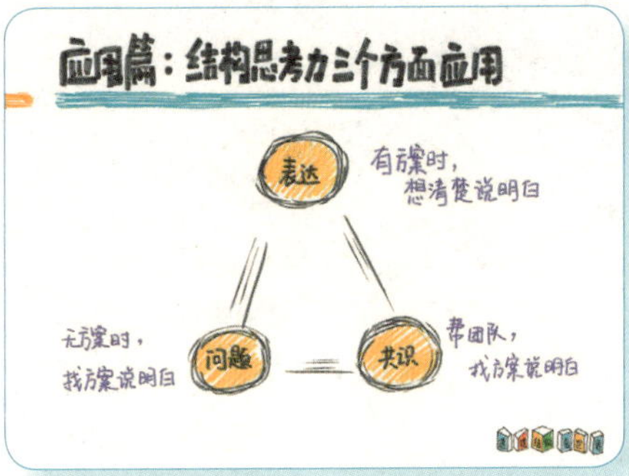

应用篇：结构思考力三个方面应用
表达
有方案时，
想清楚说明白
问题
无方案时，
找方案说明白
共识
帮团队，
找方案说明白

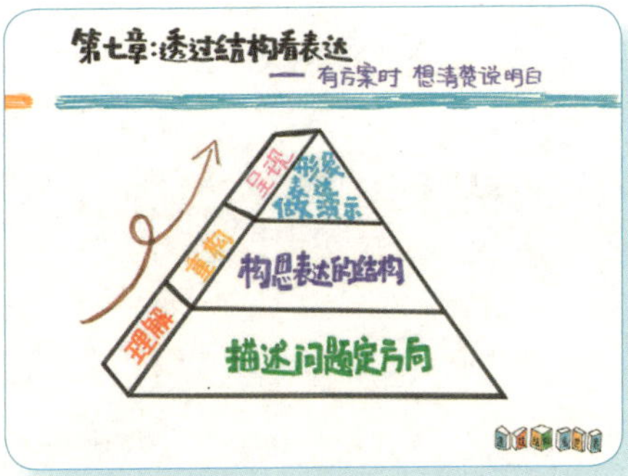

第七章：透过结构看表达
— 有方案时 想清楚说明白
呈现
形象表达做演示
重构
构思表达的结构
理解
描述问题定方向

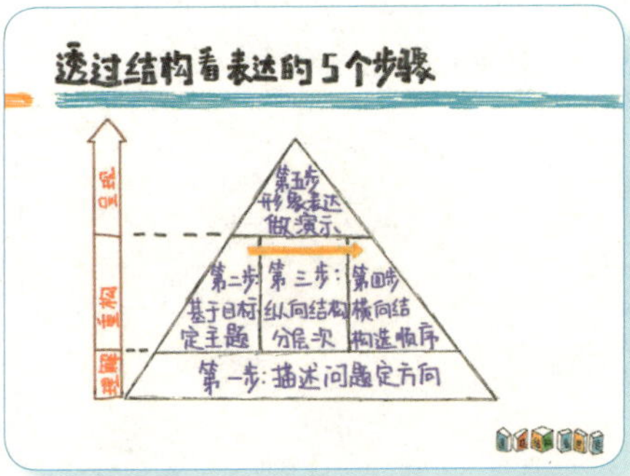

透过结构看表达的5个步骤
呈现
重构
理解
第五步
形象表达
做演示
第二步
基于目标
定主题
第三步：
纵向结构
分层次
第四步
横向结构
构造顺序
第一步：描述问题定方向

一.理解：描述问题定方向
把问题说清楚，就等于解决了一半。
——John Dewey

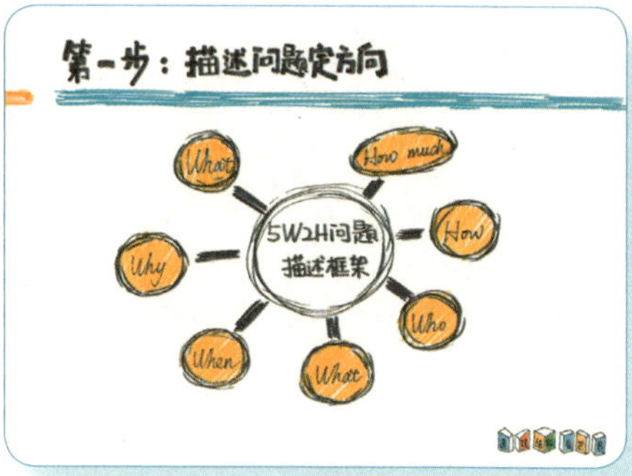
第一步：描述问题定方向
5W2H问题描述框架
What
How much
How
Who
What
When
Why

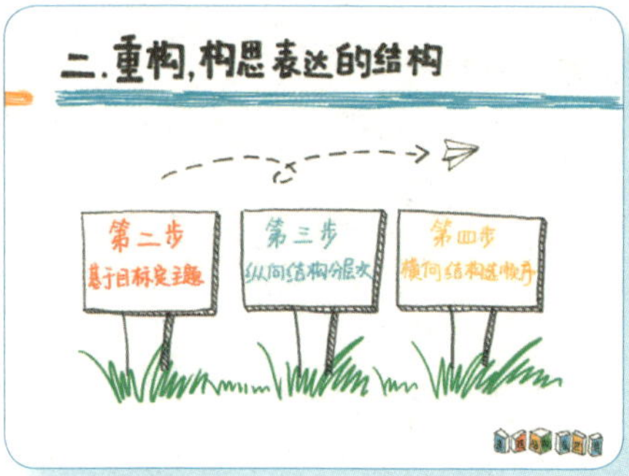
二.重构，构思表达的结构
第二步
基于目标定主题
第三步
纵向结构分层次
第四步
横向结构排顺序

第二步：基于目标定主题
确定目标
设计序言
设定主题

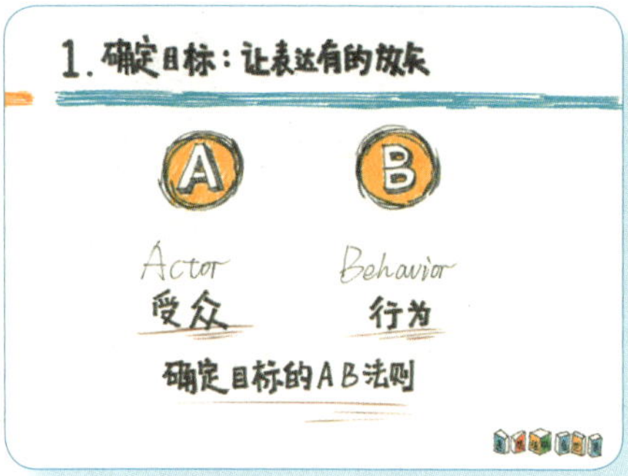
1.确定目标：让表达有的放矢
A
Actor
受众
B
Behavior
行为
确定目标的AB法则

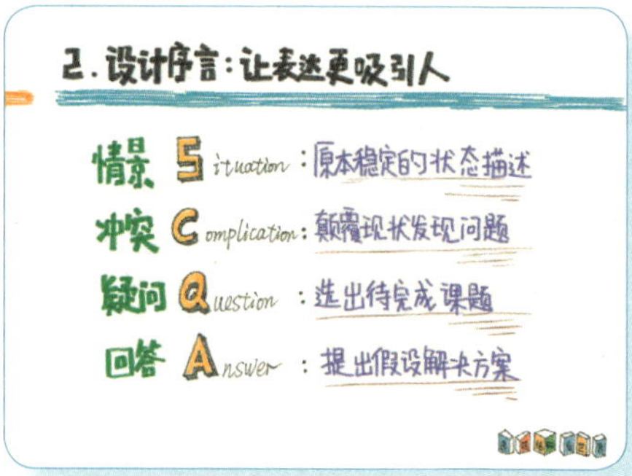
2.设计序言：让表达更吸引人
情景 Situation：原本稳定的状态描述
冲突 Complication：颠覆现状发现问题
疑问 Question：找出待完成课题
回答 Answer：提出假设解决方案

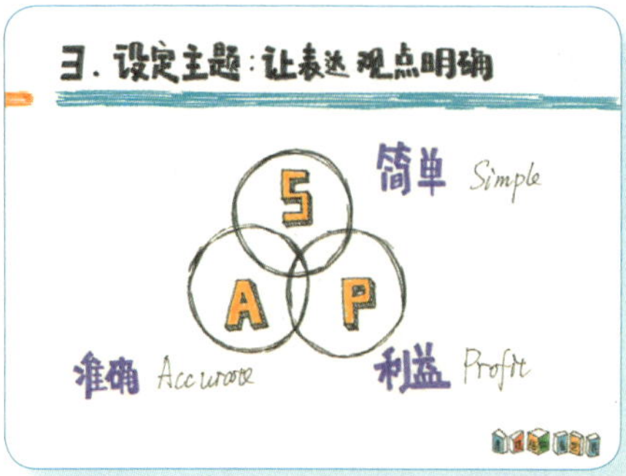
3.设定主题：让表达观点明确
S
简单 Simple
A
准确 Accurate
P
利益 Profit

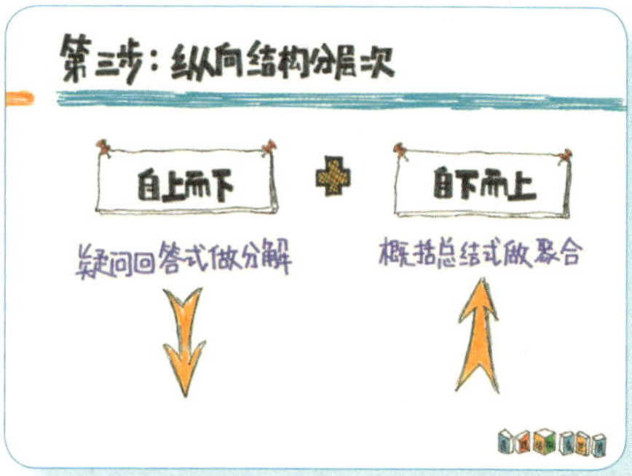
第三步：纵向结构分层次
自上而下
疑问回答式做分解
自下而上
概括总结式做聚合

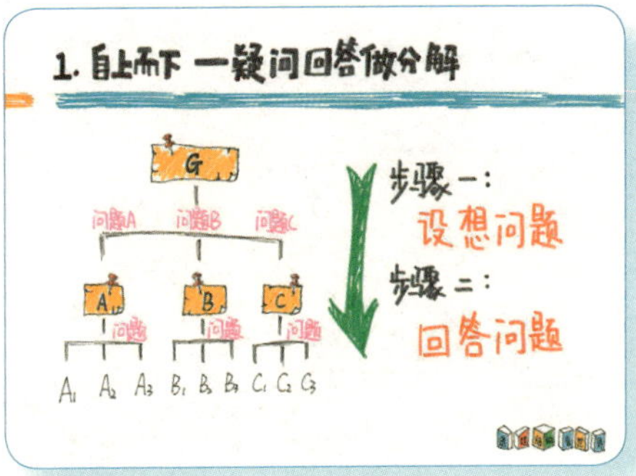
1. 自上而下 —疑问回答做分解
G
问题A 问题B 问题C
A B C
步骤一：
设想问题
步骤二：
回答问题
A1 A2 A3 B1 B2 B3 C1 C2 C3

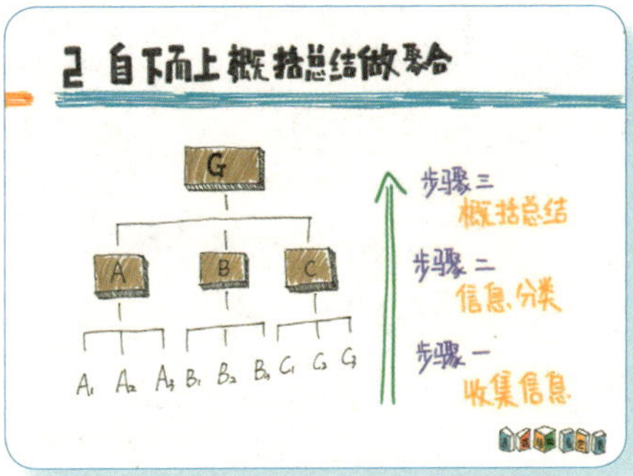
2 自下而上 概括总结做聚合
G
A B C
A1 A2 A3 B1 B2 B3 C1 C2 C3
步骤三
概括总结
步骤二
信息分类
步骤一
收集信息

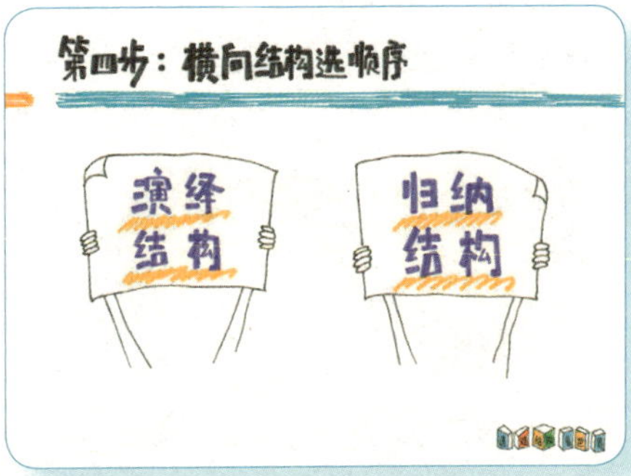
第四步：横向结构选顺序
演绎
结构
归纳
结构

1. 选择演绎，让说服更有力
鸟会飞
我是鸟
因此
我会飞

演绎中有两种子模式可以选择
1. 标准式：理性思考的根本，让表达极具说服力
大前提
小前提
结论
2. 常见式：最常见、实用的说服方式
现象
原因
解决
方案

2. 选择归纳，让要点更清晰
G 结论
要点A
要点B
要点C
从许多个别的事物概括
出一般性概念、原则或结论的方法

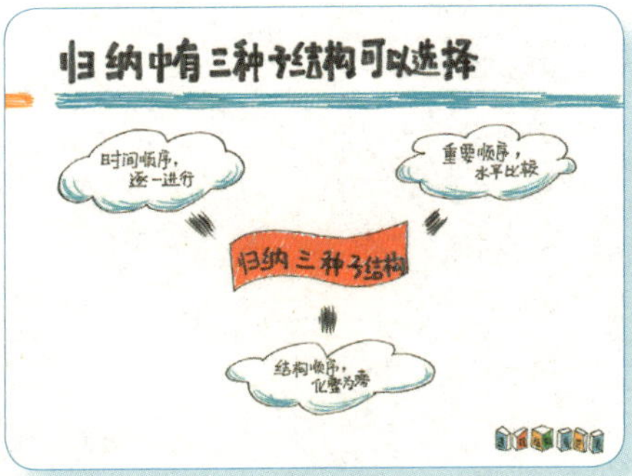
归纳中有三种子结构可以选择
时间顺序，
逐一进行
重要顺序，
水平比较
归纳三种子结构

三．呈现，形象表达做展示
苹果

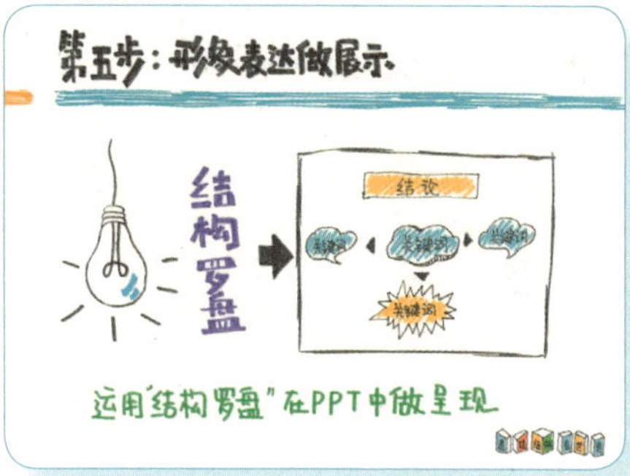
第五步：形象表述做展示
结构罗盘
结论
关键词
关键词
关键词
关键词
运用"结构罗盘"在PPT中做呈现

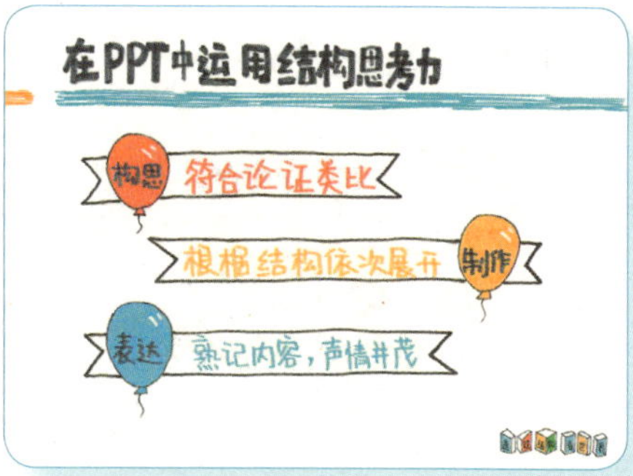
在PPT中运用结构思考力
构思 符合论证类比
根据结构依次展开 制作
表达 熟记内容，声情并茂

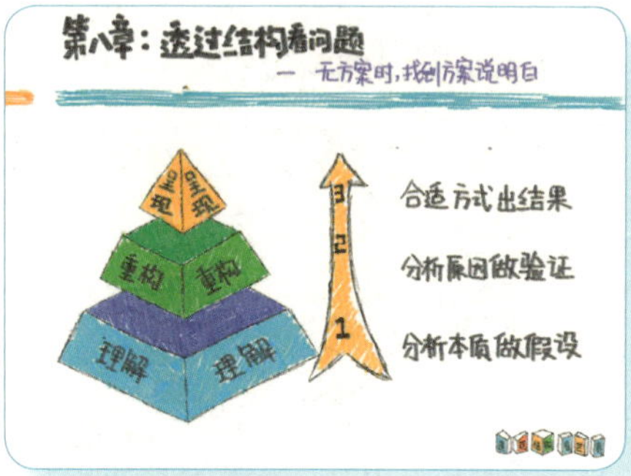
第八章：透过结构看问题
— 无方案时，找到方案说明白
呈现 呈现
重构 重构
理解 理解
3
2
1
合适方式出结果
分析原因做验证
分析本质做假设

一、理解：分析问题本质并建立假设
分析问题本质
寻找切入点
建立假设

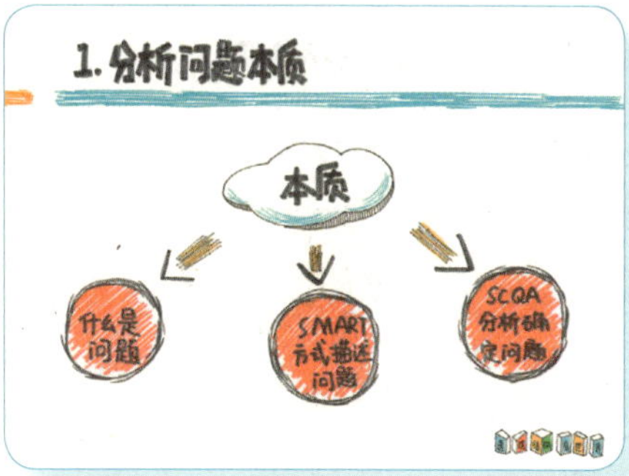
1. 分析问题本质
本质
什么是问题
SMART方式描述问题
SCQA分析确定问题

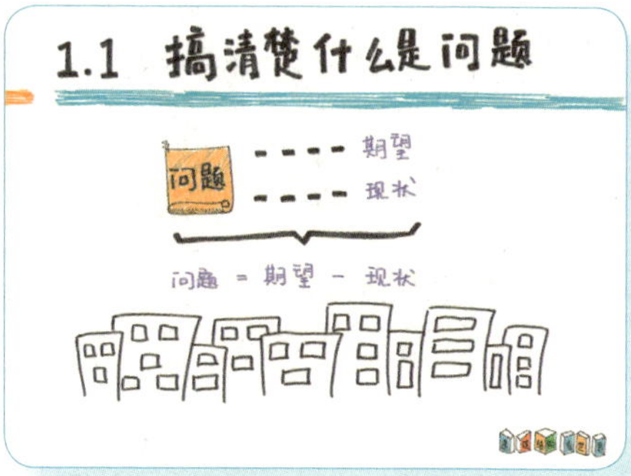
1.1 搞清楚什么是问题
问题
期望
现状
问题 = 期望 - 现状

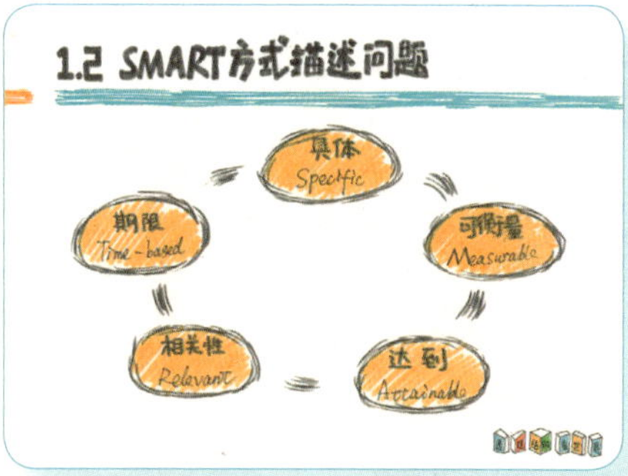
1.2 SMART方式描述问题
具体 Specific
可衡量 Measurable
达到 Attainable
相关性 Relevant
期限 Time-based

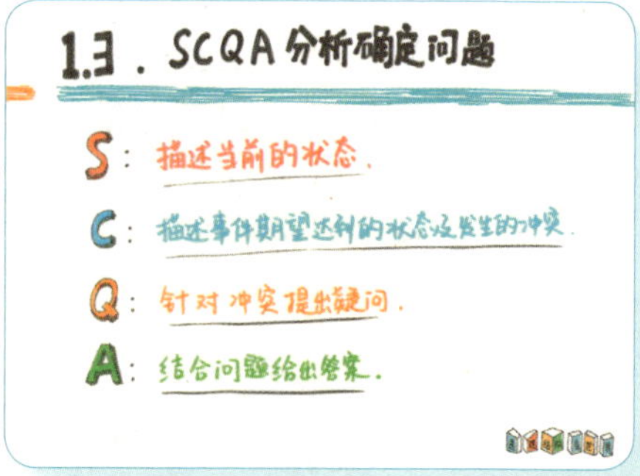
1.3. SCQA分析确定问题
S：描述当前的状态.
C：描述事件期望达到的状态或发生的冲突.
Q：针对冲突提出疑问.
A：结合问题给出答案.

2. 找到问题的切入点
借鉴适合的框架
运用MECE法建框架
合理运用框架

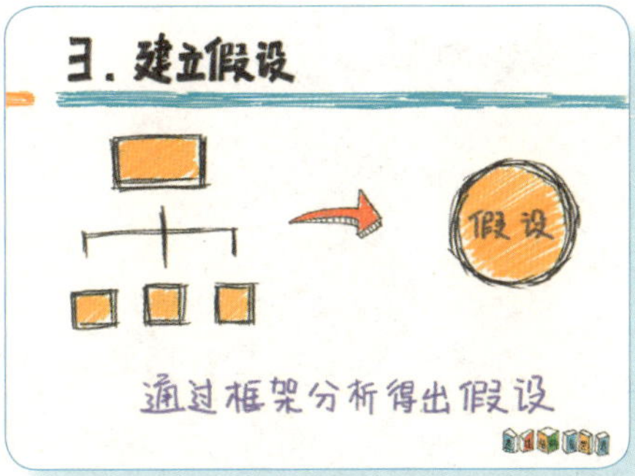
3. 建立假设
假设
通过框架分析得出假设

二. 重构：分析问题原因并结构化验证
收集并处理证据
结构化验证

1. 搜集并处理证据
分析证据
收集证据

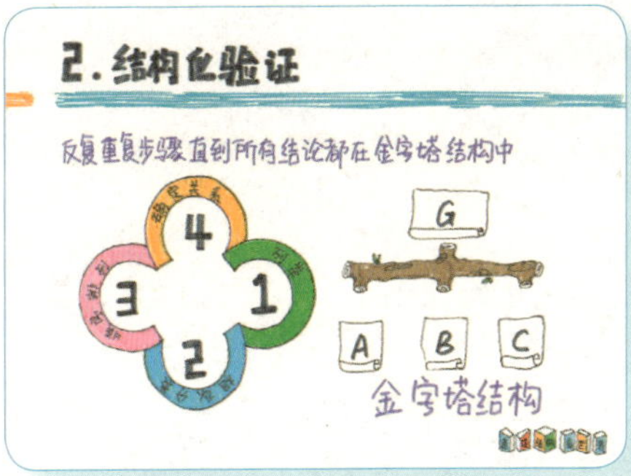
2. 结构化验证
反复重复步骤直到所有结论都在金字塔结构中
4
3
1
2
G
A
B
C
金字塔结构

三. 呈现：选择合适的方式输出结果
结构罗盘
流动
作用
比较
关系

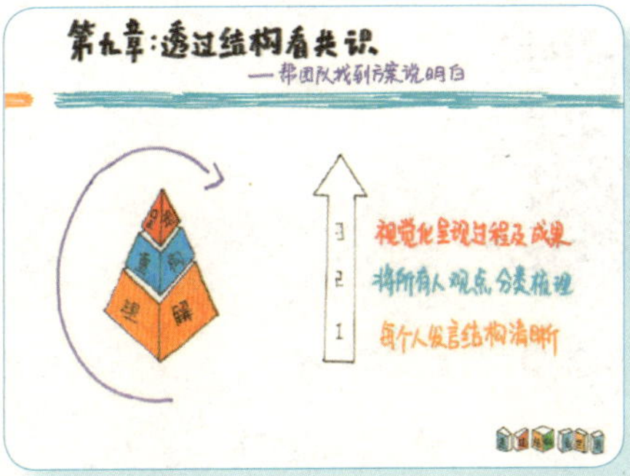
第九章：透过结构看共识
——帮团队找到方案说明白
3 视觉化呈现过程及成果
2 将所有人观点分类梳理
1 每个人发言结构清晰

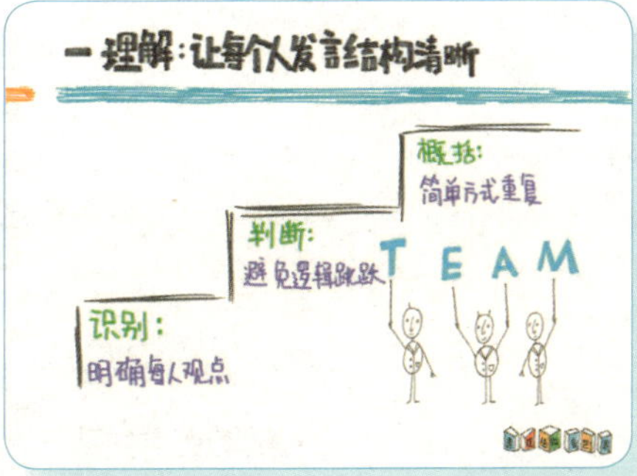
一理解：让每个人发言结构清晰
概括：
简单方式重复
判断：
避免逻辑跳跃
识别：
明确每人观点
TEAM

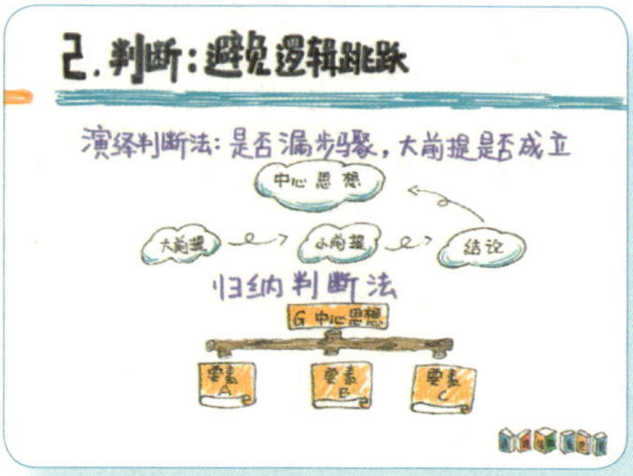

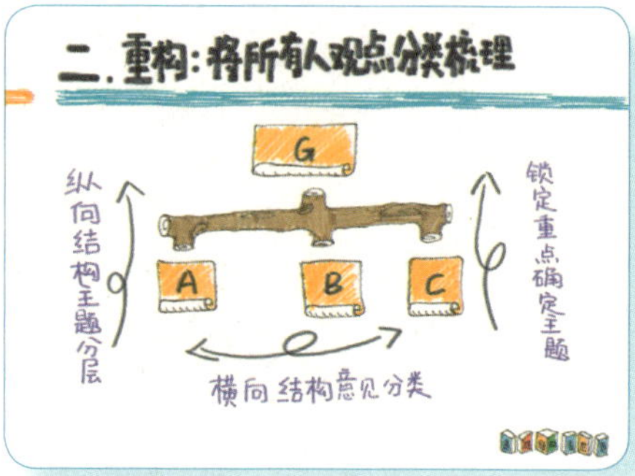

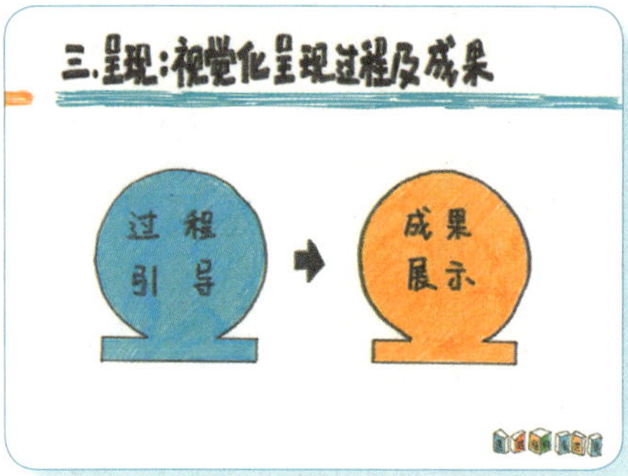

扫一扫，跟李忠秋一起透过结构看世界！

回复正文中各章节后面的关键词，获取电子版手绘 PPT

理念篇

结构思考力的核心理念

第一章 透过结构看世界帮我们洞悉本质

我国春秋战国时期著名的纵横学家鬼谷子说过这样一句名言："目贵明，耳贵聪，心贵智。"如果我们有一双慧眼，把世界上的事情看得清清楚楚、真真切切，我们就会更聪明、更智慧，做事情没有不成功的。那么有没有一种方法使我们具有敏锐的洞察力呢？经过我们的研究与思考，我们认为，"透过结构看世界"可以使我们目明、耳聪、心智。

"透过结构看世界"这个命题包含以下三个要素。

一是具体事物。这是我们认知的客体。我们运用结构思考力，研究的是具体事物，是面临的具体问题。我们所看的"世界"，不是世界的整体，把世界当做研究对象，那是哲学家的事。世界上的事物纷繁复杂、千奇百怪，我们面对的问题是具体的，因此我们这里看的"世界"，是涉及我们日常工作的具体事物、具体问题，可以说我们是在做"具体问题具体分析"的工作。

二是人的思维能力。是谁看世界？不言而喻，当然是我们人类，这是"透过结构看世界"的主体。人为什么要看世界？是因为我们要改造世界，满足我们人类物质文化生活日益提高的需要。而要改造世界，就需要正确地认识具体的事物，把握其本质与规律。人能够做到这一点吗？当然能。因为我们人类的大脑具有认识事物的机能，不仅能够认识事物的现象，而且能够沿着“实践—认识—再实践—再认识”的路线，对事物进行去伪存真、去粗取精，采取由特殊到一般、再由一般到特殊的思维方式，最终把握事物、获得真知，并用形成的理性认识指导实践，达到改造世界的目的。这是唯物辩证法告诉我们的道理。

三是思考的方式，即看世界的工具。我们如何认知世界上具体的事物呢？马克思主义哲学只是告诉了我们关于世界的本质与属性，揭示了事物之间联系与发展的基本规律，指明了人类认识世界的基本规律与方法，但是，“具体问题具体分析”是马克思主义的灵魂。世界上的具体事物何止千万！每个事物都有其特殊性，研究具体事物的特殊性始终是摆在人们面前的课题。因此，人们的思维方式也是多种多样的，我们这本书的任务，是将一种比较快捷和比较准确的思考方法推介给大家。我们推介的这种方法或曰思考问题的工具，名叫结构思考力。当我们面临一个具体问题的时候，从其结构的视角去审视与思考，使我们看问题更全面、更清晰，对其的表达更简洁明了。

结构思考力是我们这部书的核心内容与精髓，整个论述都是围绕这个方法展开的。本章将重点对其原理、特点、构成等方面展开阐述。如图 1-1 所示。

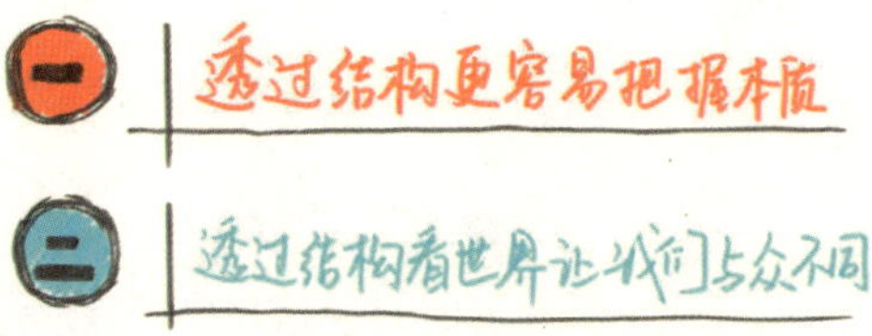

图 1-1　透过结构看世界帮我们洞悉本质

第一节 透过结构更容易把握本质

透过结构更容易把握本质，如图 1-2 所示。

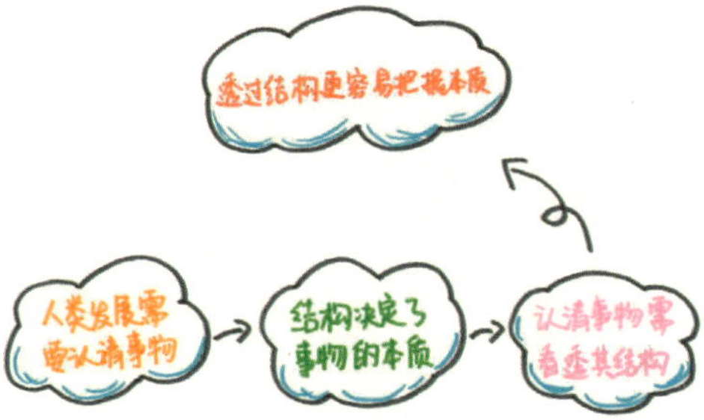

图 1-2　透过结构更容易把握本质

一、结构决定了事物的性质

“结构论”是透过结构看世界的理论依据之一。我们先了解一下结构论的基本点。如图 1-3 所示。

图 1-3　结构决定了事物的性质

1. 结构使事物成为一个有机体

何为“结构”？

简单地说，“结构”就是事物内部各组成部分之间的比例关系及其相互之间的联系，从而使事物成为一个有机体，或曰“系统”。

给事物下定义解释其内涵总是抽象的，不易理解。那么我们就从一些具体事物的结构谈起吧。

凡事物皆有其结构，大到无限的宏观世界，小到无限的微观世界，概莫能外。我们所能看到的高楼大厦、动物与植物、机器与网络、人与社会等，我们看不到的人的思维方式、内心活动等，以及需要借助精密仪器才能发现的微观世界的事物，如电子、电波、射线等，都是通过其特定的结构来存在的。从哲学的角度说，空间与时间是事物存在的基本形式，任何事物都在空间中存在，在时间中发展，其存在的客观性决定了其结构的必然性。

（1）无限的宏观世界有其结构

例如，太阳系由太阳这颗恒星、围绕它旋转的金星、水星、地球、火星、木星、土星、天王星、海王星等行星，以及大大小小的流星等天体物质所构成。无数个太阳系这样的星系构成了银河系；无数个银河系这样的星系构成了星团；无数个星团构成了星群……认知宏观世界的结构是天文学家的任务。

（2）无限的微观世界有其结构

例如，物质都由分子构成，分子都由原子构成，原子都由原子核与电子构成，原子核都由质子与中子构成……即使是电子也是不可穷尽的。认知微观世界的结构，是物理学家、化学家、生物学家的任务。

（3）无机物有其结构，有机物也有其结构

例如，人体是由神经系统、呼吸系统、消化系统、运动系统、循环系统、生殖系统等构成的，而每个系统都由不同的子系统构成。这些系统之间紧密联系，相互影响，构成了人这个生命体。

（4）人类社会中的一切事物同样有其结构

就拿“国民经济”这个事物来说吧。国民经济由物质生产部门和服务部门构成。物质生产部门包括第一产业——农业，第二产业——建筑业与工业。其中农业又由种植业、养殖业、林业等构成；建筑业又由生产性基本建设、生活性基本建设构成；工业又由采掘工业、加工工业构成。服务业统称为第三产业，包括银行业、商业、物流业、运输业、旅游业等。每个行业又有不同的结构。它们在整个国民经济中占据不同的地位，具有不同的比例关系，并且相互联系，从而构成了一个国家的国民经济体系。

（5）人的思维同样有其结构

就其人们的心理活动而言，由欲望产生需求，由需求产生动机，由动机产生行为等，这些构成了心理活动的结构。就人们认识事物而言，由感性认识到理性认识，再由理性认识回到实践中去，在此循环往复的过程中形成各自的心智模式。按照学习型组织理论大师彼得·圣吉的理论，我们要创建学习型组织，就要完善自己的心智模式，而这首先要剖析心智模式的结构。

事物内部的结构之间是相互影响相互作用的，我们不但要认知其结构的构成，还需要弄清其间的关联，把事物作为一个有机的整体看待，即所谓“系统”。简单点说，系统就是构成事物的各个部分都是相互联系着的，看待事物不能孤立地看，不能静止地看，要使其结构合理，发挥出整体的最大功效。这也是“透过结构看世界”的目的。因此，系统与结构是两个密切相连的概念。

通过结构思考力，我们认识了事物的结构，从中把握了它的本质、关键，形成了自己的思想见解，就要用语言或文字表达出来，呈现在他人的面前，这同样需要我们认知讲话、做文章的结构。唯此才能把话讲得清楚明白，把文章做得观点一目了然，论证条理清晰。

2. 改变结构使事物的性质发生变化

任何事物作为一个整体或系统，都是由纵向与横向的层层“分系统”、“子系统”构成的，这些分系统、子系统在不同的概念中称为“局部”或“矛盾着的各个方面”。但是，局部与局部之间，矛盾的两个方面之间，其地位是不同的，其中居主导地位的方面决定着事物的性质，次要方面起着次要的作用。当然，它们之间在一定条件下是可以转化的。

举例来说，大家知道水的结构是 H_2O，即水分子是由两个氢原子一个氧原子构成的。当失去氧原子的时候，水就变成了氢气；当氢原子由两个变成三个的时候，普通水则变成了重水。再如工厂生产中的热处理工艺，如淬火，虽然金属的成分没有改变，但是内部的晶粒状态改变了，金属的硬度或强度也随之改变。大家的化学知识及物理知识告诉了我们这一点。现在，转基因作物，克隆羊、克隆牛等动物也出现了，它们作为人造的新物种，是人为改变了它们的基因，使其基因结构发生了变化。所以，化学家、冶金学家、生物学家等正是改变物质的内部结构来创造新物质、新物种的。

人类社会中的事物也是如此。当生产力的发展产生了飞跃，终会导致生产关系及经济基础的改变，进而改变社会的性质。

另外，如果改变了事物内部结构的位置、排列顺序等，那么事物的性质也会变化，导致事物的发展或新事物的产生。就拿田忌赛马来说，改变了马出场的顺序，比赛的结果就随之改变了。

同样的道理，当我们改变了自己心智模式中的思考结构和表达结构，就会改变我们思维的效果和表达的效果，而这正是透过结构看世界的任务。

事物结构的复杂性、多样性及其变化，使我们采用结构思考力分析具体事物时并非轻而易举，需要多次重建结构图示。

二、认识事物须看透其结构

如图 1-4 所示。

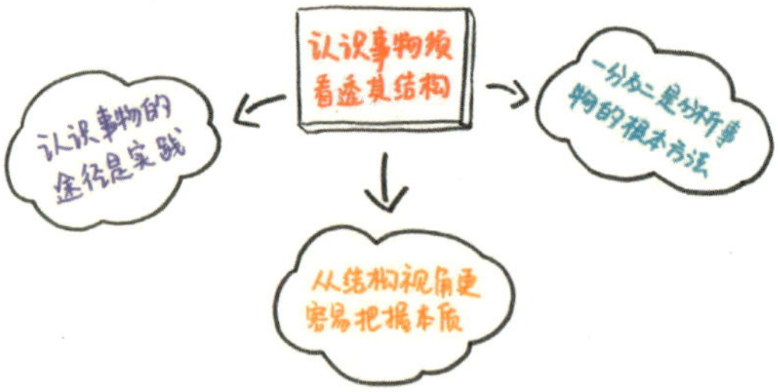

图 1-4　认识事物须看透其结构

1．认知事物的途径是实践

凡事物都具有其结构，这是其客观性。那么人类能否正确地认知它的结构呢？

哲学上的可知论早已解决了这个问题。人类的大脑具有认识事物的能力。人们在实践中获得感性认识，经过认真思考，将感性认识上升到理性认识，然后又回到实践中去，经过这样的循环往复，人们的认识逐渐深化，从而把握事物的本质与发展规律，并指导我们改造世界。这是辩证唯物论认识论的基本原理。

2．一分为二是分析事物的根本方法

既然事物的整体由其部分构成，那么一切事物皆可分，而且不可穷尽。当然，分到一定的结点，事物的结构变化了，性质也就变了。前面已讲了这一道理。1964 年 8 月 18 日，毛泽东同我国的哲学工作者谈到物质的可分性时，对日本物理学家坂田昌一《基本粒子的新概念》一文大加赞赏，并发挥了物质无限可分的观点。

那么怎样分析事物的结构呢？其哲学原理就是“一分为二”。

“一分为二”是辩证法通俗的讲法。有人把它理解为事物都有好的一面，又有坏的一面。这种理解是极其狭隘和不准确的。诚然，好与坏是一对矛盾，但只是事物两重性的一种表现。

“一分为二”的基本内容与原理包括：一切事物都是矛盾的统一体，都是可分的；在矛盾着的两个方面中，有主要的矛盾方面与次要的矛盾方面，事物的性质主要由矛盾的主要方面所决定；矛盾的两个方面相互联系，并在一定条件下相互转化；一切事物都具有同一性与斗争性，同一性是有条件的，斗争性是无条件的，斗争性为事物的同一性（转化）创造条件；矛盾在发展过程中有主要矛盾与次要矛盾，主要矛盾决定着事物发展的方向与进程；矛盾是复杂的，具体问题必须具体分析，等等。因此，学懂弄通了辩证法，才能正确理解“一分为二”。

辩证法是关于事物联系的科学，是关于事物发展规律的科学，是我们认识世界的工具。因此，我们纵向与横向交替分析事物的结构，层层分解，步步深化，探究其中的关联，遵循的思路与方式，实际上就是在运用一分为二。所以，从哲学的角度说，透过结构看世界，依据的原理是唯物辩证法，是一分为二。

“教学”是我们经常开展的一项活动。现在我们就以它为例，看看如何“一分为二”，认识其内部的相互联系，得出搞好教学工作的基本思路与措施。

“教学”首先是一个整体。这个整体分为两部分，一是“教”，二是“学”。这是“教学”结构的两个分系统。这是对其第一个层次结构的分析。“教”包括“教师”（主体）与“教授”（教学内容，即教学的客体）两部分。“学”包括“学生”（主体）与“学习”

（学习的内容，即学习的客体）两部分。它们是“教学”结构的四个子系统。这是对其第二个层次的分析。下面还可以继续进行第三个层次的结构分析。我们可以把“教师”分为幼儿教师、中小学教师、高校教师等，把“教授”的内容分为答疑、解惑、传道、授业等；可以把“学生”分为小学生、中学生、大学生等，把其学习内容分为学习理论知识、学习技能等。在“教学”这一统一体中，教师通常起着决定性的作用，是矛盾的主要方面；学生一般处于矛盾的次要方面。根据这一结构分析，我们能够得出以下结论：搞好“教学”工作的重点是教师，须尊师重教、教学相长。

其结构分析如图 1-5 所示。

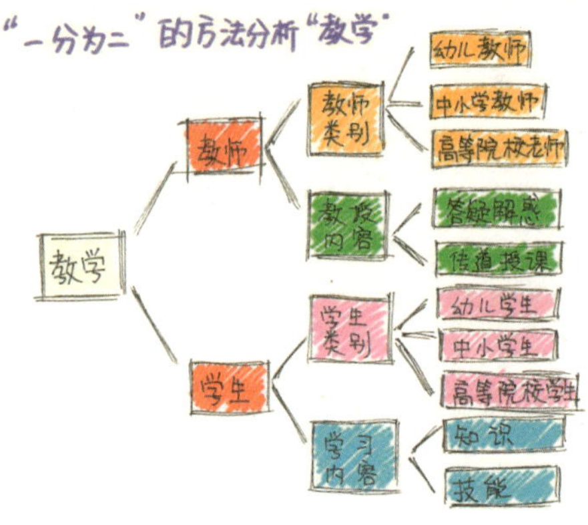

图 1-5 “教学”的结构分析图

图 1-5 是我们讲课板书时由左向右展开形成的习惯。当然也可以由上到下依次展开，即金字塔结构。

以上就是一个运用结构思考力分析问题的过程。结构分析的实质是透过整体事物的构成，揭示其本质及其客观规律，内化为分析思考，外化为思路表达，所以透过结构看世界，可以让我们目明、心智，在实际工作中表现为善讲、善写。

透过“教学”的结构看教学这一案例，我们可知，运用结构思考力更容易把握问题的关键。因为运用结构思考力看待事物时，首先把事物看做一个可以分析的整体，然后透视其具体结构的组成及其相互关联，强调的是“先总后分”，从而把握住事物的关键本质与问题的核心，正如苏东坡诗中所说“不识庐山真面目，只缘身在此山中”。

透过结构看世界，其实就是从总体到局部的鸟瞰，就是站在战略大势与全局的角度看局部；就是站在“圈外”看“圈内”（站在行业的外部看行业）。事实证明，我们唯有“站在世界看中国”，才能更清晰地看清当今世界的政治格局与发展大势，看懂中国确定的各项大政方针，眼明心亮、高瞻远瞩，进而先人一步，抓住各种发展机会。

3. 从结构视角更容易把握本质

认知心理学中的“结构优先效应”是透过结构看世界的另一个理论依据。

结构是万物之本，大到宇宙星系、小到颗粒尘埃，任何事物都有其结构。在物质世界中，人们是通过物质的结构来认识其属性的；同理，在思维世界中也一样，认知心理学家曾经做过大量的试验，证明人类在接受和理解信息时，具有结构优先效应！所谓结构优先指的是：在信息呈现环节中，有结构的信息更容易被理解、记忆和传承，因此有结构的信息被优先选择。在认知心理学中的结构优先效应包含了词优先效应、客体优先效应、构型优先效应和字母优先效应等，下面将重点介绍这些效应。

（1）词优先效应

词优先效应是指人们识别一个词中的字母的正确率要高于识别单独呈现的同一字母。该效应最早是由 Reicher（1969）在实验中发现的。他用速示器给参与实验的人呈现一组材料，呈现的材料被分为三种。第一种是一个或两个单独的字母，第二种是有一个或两个由字母组成的单词，第三种是一个或两个由字母组成的非词（随机组合的字母）。最终的实验结果是，识别单词中一个字母要优于单个字母或者非词中的字母，证明了词优先效应的存在。

（2）客体优先效应

识别一个“客体”图形中的线段要优于识别结构松散的图形中的同一个线段或单独呈现的该线段。该效应由 Weisstein 和 Harris 于 1974 年在实验中发现，他们对不同图形中直线线段觉察和识别过程进行了系统研究。实验结果表明，识别结构严谨的三维图形中的线段要优于组织结构较差的图形中的同一条线段，这种现象跟词优先效应很类似，被他们定义为客体优先效应。

（3）构型优先效应和字母优先效应

与客体优先效应相关的效应还有构型优先效应和字母优先。构型优先效应是指识别一个完整的图形要优于识别图形的一部分。字母优先效应是指识别字母的一个组成线段要优于识别单独呈现的该线段。如图 1-6 所示，A 为字母优先，B、C 为构型优先。

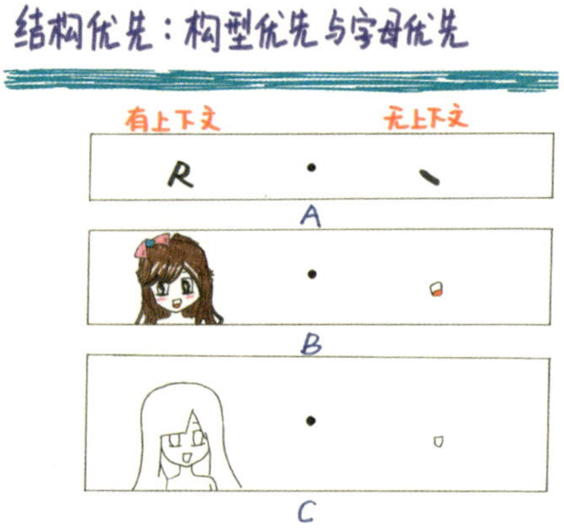

图 1-6　构型优先于字母优先

当然学术界，对于结构优先效应背后原理的解释有很多种。比如，有的专家认为词优先跟单词和字母的编码有关，很多参与测试的人会在实验过程中下意识地读出单词来，而当实验要求所有被试者在实验时把所有字母和单词都读出来，则词优先就不存在。还有的专家从整体加工优于局部加工的角度，将单词看做整体，而将单个字母看做局部，单词将先得到整体加工所以更容易识别。

由此可见，结构优先效应是一个特别复杂的现象，它可能涉及知觉或模式识别过程中的不同方面和加工水平，目前在学术界也没有完全探索清楚。尽管如此，我们会发现结构优先效应是存在的，也表明了整体结构对于人们的模式识别和认知起着促进作用，所以将结构化的信息传递给对方，让对方更容易地理解和记忆，这也是为什么我们倡导透过结构看世界的这一理念的理论基础。

当我们以结构的视角去审视身边的事物时，可以更容易地把握本质、发现幸福和更多的精彩。让我们一起透过结构看世界吧！

第二节 透过结构看世界让我们与众不同

如图 1-7 所示。

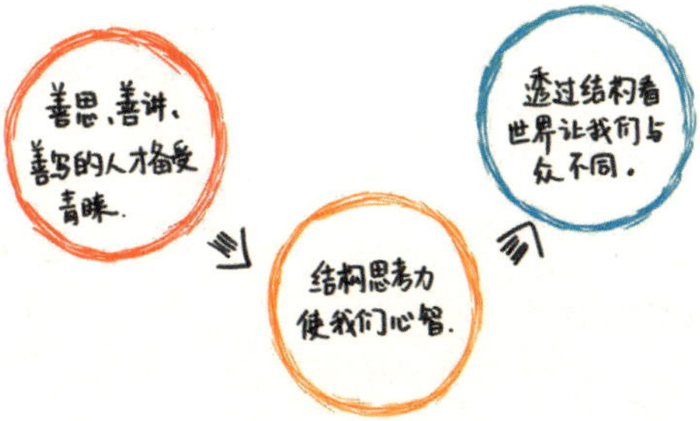

图 1-7　透过结构看世界让我们与众不同

一、善思、善讲、善写的人才备受青睐

我们知道，人生有两大主题，一是做人，二是做事；做人要有德，做事要有才；人贵有德，做事先做人。这就是人们常说的“德才兼备”。厚德载物，“德”是“才”之基。但我们这里重点谈论的是“才”，而不是“德”。

人生活在世上，个个都希望自己事业有成，人生光彩，受到尊崇。但并非人人如此。

有个青年，学校毕业后找工作，结果四处碰壁。他非常地沮丧、郁闷，感到人世间的艰难与不公，于是来到大海边，准备结束自己年轻的生命。

此时，一位老渔翁拦住了他：“年轻人，你今后的日子还很长，有什么想不开的呢？”

年轻人向他讲了自己的经历与苦闷。

老渔翁没有说什么，从沙滩上随手抓起一把沙子，对年轻人说：“你看这是什么？”

“沙子。”

老渔翁随即把手中的沙子撒在沙滩上，对他说：“请你把我刚才撒的沙子找出来。”

年轻人很为难，摇摇头。

老渔翁从衣兜里摸出一颗珍珠，又从沙滩上抓起一把沙子，连同珍珠一同撒到了沙滩上，对年轻人说：“这回请你把珍珠捡起来。”年轻人很容易地做到了。

老渔翁对他说：“孩子，你要受人青睐，就要像珍珠一样，不能成为不显眼的沙子。”

年轻人恍然大悟，打消了轻生的念头。

是的，我们要获得事业的成功，获得人生的成功，就要使自己成为“珍珠”！

那么什么是人才呢？

人才至少是具有一技之长的人，能够胜任一定的工作。

大体上有以下三种人被人们视为人才。

善思、善讲、善写的人才备受青睐，如图 1-8 所示。

图 1-8　善思、善讲、善写的人才备受青睐

1.“善思”之士

这种人善于学习，善于思考，满腹经纶，见多识广，对事物有很深的见解，能够提出解决问题的正确方法。这种人常常成为官僚的“谋士”或高参，如诸葛亮。刘备兄弟三人第三次光顾诸葛亮茅庐的时候，诸葛亮对当时天下大势分析的一席话，提出的三分天下的战略，未出茅庐就使刘备醍醐灌顶、茅塞顿开，心悦诚服地恳求诸葛亮出山，执意拜他为军师，以助他完成救民于水火，匡扶汉室之志。

2.“善讲”之士

有句话讲得很精彩：“人才不一定有口才，但有口才者一定是人才。”为什么呢？

马克思说过："人天生的是社会动物。"在人类社会，人们总是和他人一起进行社会实践，一起进行社会生活，这就需要相互交流思想，于是就产生了语言、文字，人类社会也就进入了文明时代——文明是以文字的出现为标志的。所以，人们之间的思想交流就是以语言、文字两种基本形式出现的。

以言语的形式进行交流，就是说话。小范围的说话叫聊天（唠嗑）、交谈、谈心等。下级向上级汇报工作、提供信息，上级向下级了解情况、下达指示等，都属于此类交流。大范围的说话叫演讲、演说。例如，老师在课堂上讲授，领导人在会议上作报告等。可以说，我们每个人随时随地都在用语言进行沟通和交流。

毛泽东说过："一个人凡是在讲话，他就是在做宣传工作。"这话没错，讲到了点子上。我们只要讲话，就在有意无意地向他人宣传自己的思想、见解，传递信息。在此过程中，你的"宣传工作"做得是否好，能否言简意赅、一语中的、清楚明白，打动听者的心，就要看你的口才了。无论白领，还是蓝领；无论从事技术性工作，还是从事行政性工作，都需要善于讲话来表达。

从春秋战国时期的苏秦、张仪，到今天企业里的小秘书、小职员，"善说"者都会让人刮目相看，上升的机会与空间比一般人多得多、大得多。因此，你想要事业有成，人生精彩，一定要锻炼自己的口才，尽快提升自己的语言表达能力！

3. "善写"之士

与人交流沟通的另一种基本形式，就是写文章。文章包括文学作品与应用文两大类。文学作品如小说、诗歌、散文等，作为艺术品使人得到美的享受；应用文如新闻、公文、论文、史志、传记等，是实施社会管理、推动社会发展不可或缺的工具与手段，作用极大且影响力持久。因此，写文章比演讲更受人们的重视。著作等身者，往往被人们视为大学问家、大思想家。

中国古代科举考试，那些所谓的秀才、举人、状元、榜眼、探花等，不就是凭一篇文章进入官场的吗？当今中国，毕业答辩、晋升职称时，有无论文，论文写得好不好、多不多，也是一项重要考核指标。

人们常说，见文如见人。从其文章中，人们能够了解到他的思想学识、了解品性风格、能力专长等，从中得到借鉴与教益。所以，古今中外，善写之士历来受到人们的尊崇，许许多多的人也正因为他们的不朽文章、著作而流传百世。

“善写”者就是我们常说的笔杆子。他们笔头子硬，做文章信手拈来，“下笔如有神”，常被人们称为“文曲星”。“文曲星”们最容易被发现，得到提升与重用。他们常常居于社会的宝塔尖，是“人上人”，处于社会的管理层。例如被称为中共“一支笔”的胡乔木。他在延安时期被毛泽东发现，后来成为毛泽东的著名秘书，并进入中国共产党的核心领导层。他就是毛泽东从当时的解放日报上看到其写的一篇文章而被发现的。

战国时期的韩非，他的文章由韩国传到了秦国，秦王嬴政读了他的《孤愤》、《五蠹》等文章之后，大加赞赏，发出了“嗟乎！寡人得见此人与之游，死不恨矣”的感叹，推崇备至，仰慕已极。秦王为了见到韩非，便马上下令攻打韩国。韩王急忙派韩非出使秦国。秦王与他交谈，韩非虽然有严重的口吃，说话结结巴巴的，秦王却非常欣赏他。但由于遭到丞相李斯的嫉妒与陷害，韩非被李斯害死在狱中了，秦王后悔莫及。

善于用文字表达我们的思想见解，把深邃的道理讲得深入浅出，把繁杂无章的事情梳理得清清楚楚，把冗长烦琐的过程归纳得简明扼要……这确实是硬功夫。谁能说他不是人才呢?

写文章如此的重要，我们要成才，就必须提高写作水平!

除上述三种人才之外，还有一种人才，他们既善思，又善讲，还善写。例如中国人民的伟大导师毛泽东。毛泽东是在中国共产党的历史上唯一被冠以“伟大的无产阶级战略家”的领袖。他善思，许多预见成为现实;他善讲，即使听他讲深奥的哲学，也是一种享受，更何况他与人交谈时的幽默与亲切;他善写，其著作影响着国内外，是毛泽东思想的集中体现。

像毛泽东这样的领袖人物毕竟是少数。但是，无论何种人才，他们都表现出一个与众不同的特点——心智。而赋予他们心智的方法，我们认为就是“结构思考力”。结构思考力使他们在观察认识事物的时候，能够更快地抓住事物的本质，发现事物发展的规律，因而与众人相比，更有智慧。

二、结构思考力使我们心智

高瞻远瞩是比喻人有远见、目光远大。这在市场经济条件下尤为重要，因为“眼光最值钱”——眼光敏锐才能更好地抓住机遇、规避风险。那么如何使我们的眼界开阔呢?

我国春秋末战国初时，有一个著名的纵横家，名叫王诩，他在周之阳城一个山深林密名叫“鬼谷”的地方隐居，所以人称他“鬼谷子”。他是苏秦、张仪、孙膑、庞涓等杰出人士的老师。《鬼谷子》一书则由鬼谷子及其弟子整理而成，其内容极其丰富，对后人的影响也很大。

《鬼谷子》一书中有这样一句名言:“目贵明，耳贵聪，心贵智。以天下之目视者，则无不见;以天下之耳听者，则无不闻;以天下之心思虑者，则无不知;辐辏并进，则明不可塞。”意思是:眼睛最宝贵之处是善于看，耳朵最宝贵之处是善于听，心思最宝贵之处是善于思考，这样才能有智慧。

用纵观天下的眼睛看，天下的事就没有看不见的；用广听天下的耳朵听，天下的事就没有听不见的；用思虑天下之心去思考事物，天下的事就没有不知道的。只有我们对事情了如指掌了，才能做到提出的预见、谋划的计策都能得到实现，人家对你的话和见解都能够容易接受。

目明耳聪心方智。鬼谷子先生告诉我们这样一个道理：要想更聪明，更有智慧，就要善看、善听、善思，如图 1-9 所示。

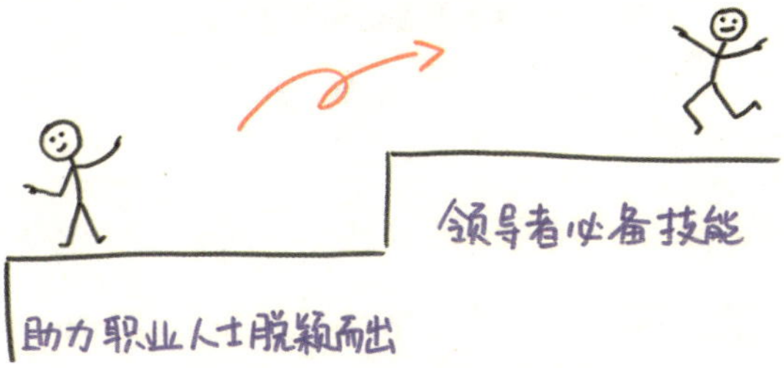

图 1-9　结构思考力使我们心智

1．助力职业人士脱颖而出

结构思考力强调从事物的整体出发，通过分析其内部的纵横结构，全面、准确、明了地把握其本质与规律，以此做出解决问题的措施，高效地实现确定的目标。它是我们分析事物的一种能力，也是我们认知事物的一种方法。

当我们从结构的角度去分析事物，不但可以看得清晰，而且能够体悟出事物中的美！结构思考力是职业人士的基本思维方式。这种思维方式在我们思考（解决问题、决策）和表达（写作、口头表达、沟通、辅导等）方面都是一个令人思路清晰的方法。是否具备结构思考力，那是大不相同的。其差别如图 1-10 所示。

是否具备结构思考力的差别

类别	具备 ✔	不具备 ✘
解决问题	迅速抓住主要矛盾，忙而不乱应付任何问题。	难以把握问题关键，经常遗漏关键要素。
决策	能快速理出重点，果敢且科学做出决策。	瞻前顾后，难以割舍，犹豫不决。
写作	主题明确，结构严谨，层次清楚。	找不到重点，大量文字和数字堆砌，结构混乱。
表达沟通	语言准确，思路清晰，能快速总结说话要点。	很难把想要表达的思想在短时间内表达清楚。
辅导	快速确定辅导目标，制定明确的计划，理清核心。	目标不明确，随机性较强，被辅导者难以理解。

图 1-10　是否具备结构思考力的差别

2. 领导者必备技能

结构思考力作为一种解决问题的技能，对企业或团队的领导者来说，尤其必要。1955 年，罗伯特·卡茨在其“高效管理者的三大技能”一文中，提出高效的管理者应具备三种基本技能：一是技术性（Technical）技能，二是人际性（Human）技能，三是概念性（Conceptual）技能（见图 1-11）。

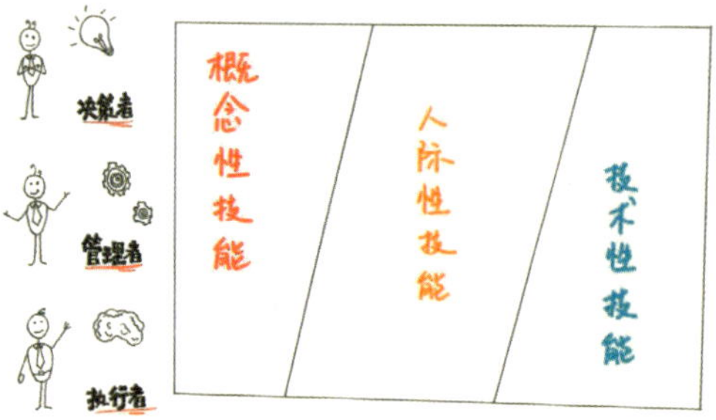

图 1-11　高效管理者的三大技能

概念性技能是指对复杂情况进行抽象和概念化的技能。作为企业或团队高管，需要具备以整体的视角看待企业的能力，即从战略的高度把控企业的全局。因此，决策者需要有概念性技能。而结构思考力恰恰具有从全局看问题的特点，因而是概念性技能中最关键的技能。

我们要想高升，晋升到高一级的职位，就需要提升自己的概念性技能，职务越高对于概念性技能的要求就越高，这就需要学习和运用结构思考力。

综上所述，我们可知，具备了结构思考力，将赋予我们一双慧眼，把整个世界看得更真切、更透彻，思路更清晰，解决问题更自信。

扫一扫，跟李忠秋一起透过结构看世界！

回复“PPT01”：获取第一章电子版手绘 PPT

第二章

思考结构与客观事物有偏差

世界包括物质世界（自然界、人类社会）和精神世界，后者是指人们的主观世界，即人们的思维意识或观念。研究人们的思维，是哲学与心理学的任务。哲学研究的重点在于揭示物质世界与主观世界之间的本质联系，认为人们的意识是客观事物在人脑中的反映，是物质决定意识，意识对物质具有能动的反作用。人们认识事物的过程是由感性认识到理性认识，再由理性认识回到实践中去，由此使人们的认识不断深化，并改造客观世界。心理学研究的重点，是思维形成的机制，即大脑是如何反映事物的，人的心理产生的机理与过程等。但这两者的研究有共同点，都涉及人的思维的本质与规律，这其中的一个核心问题就是人的心智模式。

为了了解透过结构看世界这种思维方式，我们就需要认识思维的形成与发生作用的过程，认识我们的思维方式。认知科学家对认知、记忆和推理等复杂思维过程进行了大量的研究，然而这些复杂的思维过程之间到底是什么关系，以及与大脑本身的生理机能的关系是什么，目前尚无定论。但是，我们可以在这些研究中，找到大量关于思考结构在决策中产生作用的知识，因此本章分别从心智模式和认知心理两个方面尝试着对思考结构的存在以及对决策的影响进行阐述。如图 2-1 所示。

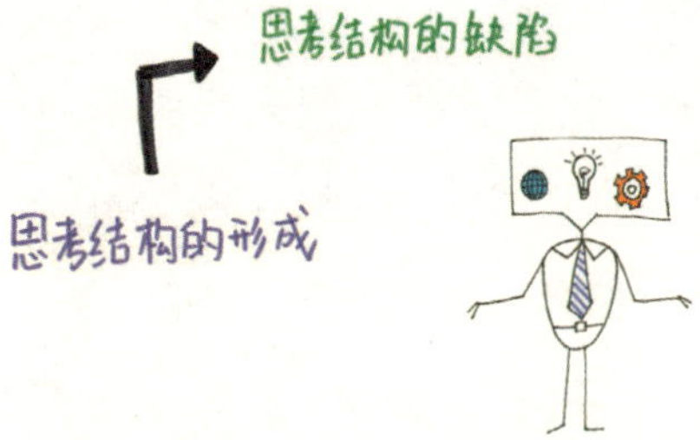

图 2-1 思考结构与客观事物有偏差

第一节 思考结构的形成

思考结构的形成可以说是一种心理活动，因而是与心理学密切相关的。心理学是一门内容极为丰富的科学，可以运用到人们实践活动的各个领域，如教育心理学、管理心理学、战争心理学。心智模式是人们认知世界的心理过程，认知心理学的研究恰恰揭示了人的心理形成过程。因此，研究和理解思考结构和心智模式，依据的是认知心理学，我们需要了解一些认知心理学的基本观点。

一、认知心理学研究的是人的心理过程

1. 认知和认知心理学

认知就是人脑产生的感觉在输入的转换、减少、解释、存储、恢复和使用的过程。认知心理学将人的心理过程看做一系列连续阶段的心理加工过程，即认为大脑加工信息的方式是系列的或串行的。

认知心理学是 20 世纪 50 年代中期在西方兴起的一种心理学思潮，它研究人的高级心理过程，主要是认知过程，如注意、知觉、表象、记忆、思维和语言等。人的高级心理过程是行为背后之心智处理的心理活动，包

括思维、决定、推理和一些动机与情感的程度，旨在研究记忆、注意、感知、知识表征、推理、创造力，以及问题解决方面的运作。与行为主义心理学家相反，认知心理学家研究那些不能观察的大脑内部的机制和过程，如记忆的加工、存储、提取和记忆力的改变。它把人类行为基础的心理机制作为研究重点，其核心是信息在大脑输入和输出之间发生的内部心理过程。其实质在于研究认知活动本身的结构和过程，核心是揭示认知的内部心理机制，即信息是如何获得、存储、加工和使用的。

2. 认知心理学的研究范围

认知心理学的研究范围包括知觉、注意、表象、学习记忆、思维和言语等心理过程或认知过程，以及儿童的认知发展和人工智能等。

3. 认知心理学的基本观点

（1）人们的知觉是受外界信息的刺激累积起来的，没有外界信息的刺激，便不会感知世界。知觉是外界信息刺激在人脑神经系统湖泊中留下烙印，是一种只具有直接性质的心理现象。

（2）人们对外界信息的刺激是能动的，不会被动地接受这些刺激，而是能够主动地探求外界的信息，并把外界的信息进行自下而上、自上而下多次反复加工，从而形成思想、意识、观念等，并储存在大脑“信息库”之中，形成记忆。概念则是人对事物本质的反映，是对一类事物进行的概括。

（3）人脑经过多次认知，会形成由若干元素或成分按一定关系构成的某种刺激结构，这种刺激的组合即为认知模式或心智模式。心智模式能够利用已有的知识经验和当前获得的信息，确定知觉的图形是什么，并将之与其他模式区分开来，常表现为把所知觉的模式纳入记忆中相应的范畴，并加以命名。人的认知模式其整体结构在识别事物中起着主导的作用，具有结构优势效应。

（4）人们对事物认知的过程是复杂的、反复进行的，认为注意、知觉、记忆、思维等认知现象是交织在一起的，能够把对于一组现象的了解，推进到对另一组现象的了解。解决问题（实践）是一种重要的思维活动，甚至是思维活动的一个最普遍的形式。行为是由一定情景引起的，按照一定目标，应用一定认知操作或技能活动使问题得以解决的过程。

这些基本原理表明，认知心理学重视心理学研究中的综合性，强调各种心理过程之间的相互联系、相互制约。同时，这些基本原理表明，人的心理形成过程及发挥作用的过程，是与人们的心智模式相吻合的。

二、从认知心理学谈思考结构的形成

上面对认知心理学的基本观点进行了阐述，但其实在理论界关于复杂思维过程，以及人脑本身的生理机能等问题，目前还有很多地方需要进一步研究。接下来我们也是从现有的知识中解释思考结构的形成过程。

每个人在生活中需要记住大量的信息，但是面对如此众多的信息，我们怎样才能记住，并且在需要的时候迅速找到它们呢？事实证明，我们不但可以记住且能够下意识地快速对需要的信息进行提取，而这种提取连我们自己都觉察不到。心理学家认为每个人都有一个容量巨大的长时记忆系统，我们将自己对世界的认知通过各种网络模型整理进入这个系统。这些模型是由无数个概念与关系组成的内容丰富的网络。他们既能够捕捉飞机、电脑、房子等实体对象，也能捕捉家庭、沟通、能力等众多抽象概念。比较经典的网络模型包括层次网络模型和激活扩散模型，下面简单引用认知心理学的内容给大家介绍一下。如图 2-2 所示。

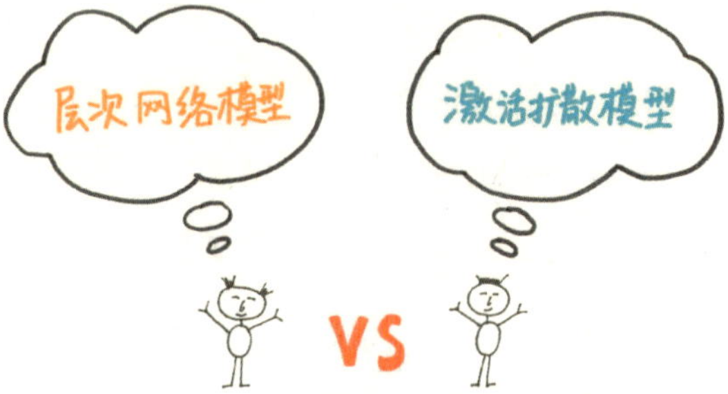

图 2-2 思考结构的形成

1. 层次网络模型：认知心理学中第一个语义记忆模型

层次网络模型是由 Quillian 提出的认知心理学中第一个语义记忆模型，这个模型最开始是针对言语理解的计算机模拟而提出，后来被用来说明概念的结构。在这个理论中，概念是以结点（Node）的形式储存在概念网络中，每个概念具有一定的特征，这些特征实际上也是概念。各类属概念按逻辑的上下级关系组织在一起，概念间通过连线表示它们的类属关系，这样彼此具有类属关系的概念组成了一个概念的网络。在网络中，层次越高的概念，其抽象概括的水平也越高。

每个概念的特征实行分层存储，即在每一层概念的结点上，只存储该概念的独有特征。而同层各概念共有的特征，则存储于上一层的概念结点上。例如，当我们提到"金丝雀"、"鸵鸟"、"燕子"时，我们会说它们都"会飞"，因此这一特征便存储在"鸟"这一概念结点上。而"金黄色"、"大块"、"黑色"分别是上述三种鸟的独有特征，这些特征便存储在自己的结点上（见图 2-3）。

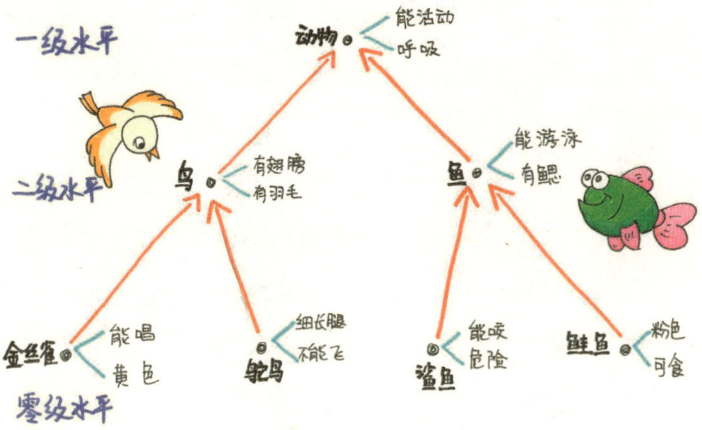

图 2-3　层次网信模型

2. 激活扩散模型：以语义联系将概念组织起来的语义记忆模式

激活扩散模型也是一种语义记忆模型。但与层次网络模型不同，它放弃了概念的层次结构，而是以语义联系或相似性将概念组织起来。概念之间通过共同的特征数量形成联系，互相之间共同特征越多，两个概念之间的关系就越紧密。如图 2-4 所示。

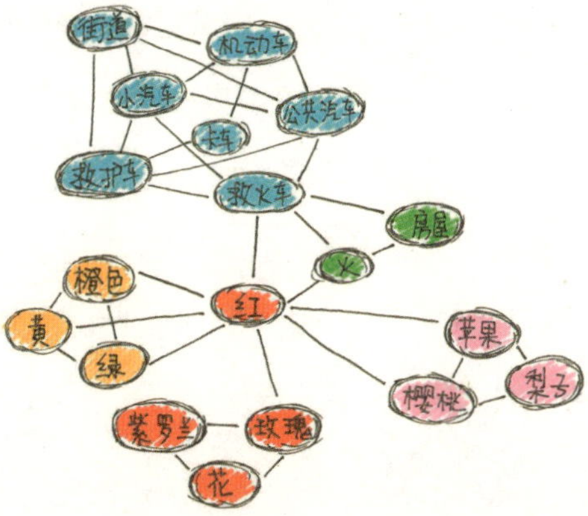

图 2-4　激活扩散模型

激活扩散模型与层次网络模型不同，概念之间除了包含逻辑层次关系，如“机动车”是“小汽车”和“卡车”等的上级概念，有连线相通。而且概念之间有更多的横向联系。“小汽车”还与“卡车”、“公共汽车”、“急救车”等机动车有联系。

上面两个网络模型是认知心理中较典型的长时记忆中的语义记忆模型，在理论研究层面上各有所长，这里我们不去探究更多的理论内容。从应用的角度理解，无论是哪个模型，都可以帮助人们在想到某个概念以后，快速地联想到某些概念。每个人在数十年的成长、学习和生活中，在大脑中积累了数千个网络模型，这些模型紧密结合在一起，形成了人们的思考结构。思考结构存在于我们每个人的记忆之中，源于一个人的教育、生活和职业。比如，从一位培训师的角度看问题，从一个创业者的角度看问题。思考结构的形成甚至跟社会环境和文化也有很大的关系。

第二节 思考结构的缺陷

前文中曾提到在做决策的时候，人们看待和分析问题采用的不同思考结构，决定了人们看待问题的不同视角。思考结构将我们的注意力吸引到问题的某些方面，同时也会淡化问题的另一些方面，让其隐藏于我们的视线之外。而这种思考结构往往是非常隐性地存在于人们的心智模式中，潜移默化地影响着人们的思考和决策。那么到底该如何觉察我们的思考结构，并有效地对其干预，从而提高我们的思考质量呢？本章从理论层面，一起跟大家探讨一下具体的方法。如图 2-5 所示。

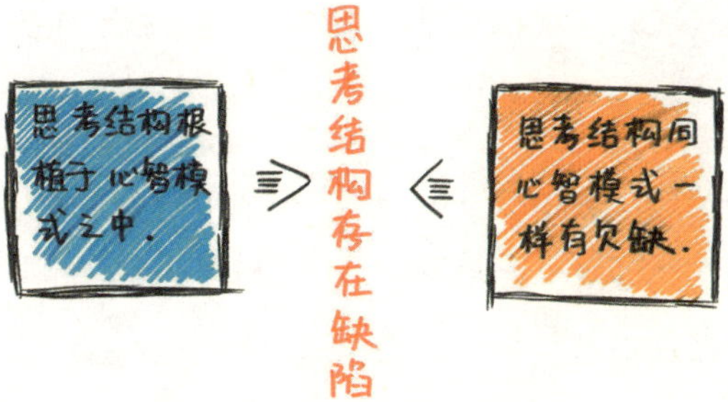

图 2-5　思考结构的缺陷

一、思考结构根植于心智模式之中

人们对外来的刺激所做出的反应是很快的。据心理学家测算，当一个陌生人从对面向你走来的时候，你能够在 7 秒内对他做出评价，并决定是否与他点头打招呼。

一位年轻的女士倘若未婚，正在找男朋友。若有人给她介绍男朋友，当她与对方见面的一瞬间，她似乎就在内心中做出了决定。因而“一见钟情”、“一见如故”的故事司空见惯。

为什么人们对外界事物的判断来得如此迅速呢？这是因为人们的头脑中早已形成了对事物判断的标准。学习型组织理论大师彼得 · 圣吉把这个“标准”称为人脑中的“图像”、“镜子”、“地图”等，即心智模式。有了判断事物的标准，自然对外来刺激的反应迅速了。

1. 心智模式的定义

心智模式是指我们心中关于我们自己、别人、组织及周围世界每个层面的假设、形象和故事，并深受习惯思维、定式思维、已有知识的局限。

2. 心智模式的基本观点

（1）每个人都具有心智模式。

（2）心智模式决定了我们观察事物的视角和做出的相关结论。

（3）心智模式是指导我们思考和行为的方式。

（4）心智模式让我们将自己的推论视为事实。

（5）心智模式往往是不完善的、有缺陷的。

（6）心智模式影响着我们的行为结果，并不断强化。

（7）心智模式不会轻易改变。

3. 心智模式的结构

人的心智模式由两部分构成，一是形成过程，二是对外界信息刺激的反应，做出判断、决定的过程。如图 2-6 所示。

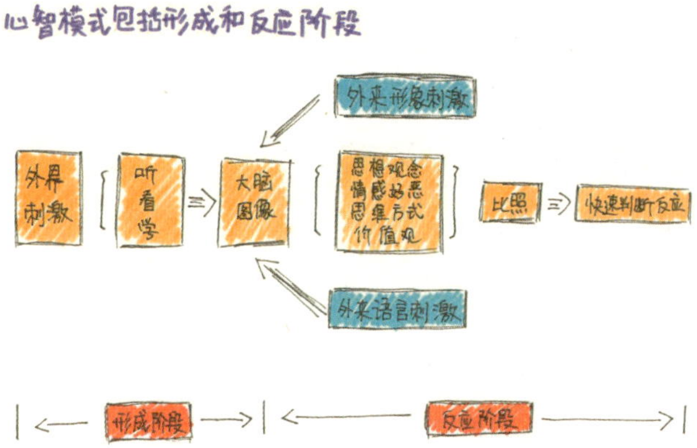

图 2-6　心智模式的结构

心智模式形成的过程是人从幼儿时期就开始了，而且对他心智模式的影响很大，甚至对他一生都起决定性的影响。因此，不能忽视家长、幼儿教师对幼童的早期教育。举例如下。

大家都知道美国 GE 公司曾有个总裁，名叫杰克·韦尔奇，人称美国“第一 CEO”。杰克·韦尔奇小时候说话口吃，6 岁的时候说话还是磕磕巴巴的。有一次他去买比萨饼，他本来要买一个，但他说："阿姨，我买……买……一个……一个……比萨饼。"卖饼的阿姨以为他买两个，拿了两个给他。他很不高兴，告诉妈妈他因为口吃而苦恼。

妈妈笑着对他说："孩子，你很聪明，你头脑反应快，嘴巴跟不上，所以才口吃的。这没有什么。"妈妈没有训斥他，反而用这番话夸奖安慰他，使杰克·韦尔奇在心中树立了"我聪明，我头脑反应快，不比别人差，口吃不算什么"的理念，并在头脑中固定了下来，以致杰克·韦尔奇长大成人之后它都在起作用。有一次，他和大学同学乘坐飞机去到某公司应聘，在飞机上空姐在为乘客递送饮料时，对他的同学称"博士先生"，对杰克·韦尔奇称"先生"，研究生毕业的他一下飞机就买了返程票，去读博士去了。他当GE公司总裁期间，说话依旧不利索，但他"数一数二"的经营理念（GE公司只做在世界上数一数二的产品），与他小时候妈妈对他的影响直接相关。

心智模式的形成由于是心理活动，所以是看不到的，认知心理学家一直都用大量的观察试验方法去研究。但人们对外界信息刺激后的反应，还是能够看得见的。他受到刺激后的表情、说出的观点、做出的决定，总会表达出来。这是心智模式的第二阶段。心智模式的两个阶段是紧密联系在一起、分不开的，构成了一个整体。因此，我们要完善心智模式，需要从两个阶段的关系上采取措施。

外界事物通过我们的眼、耳、鼻、舌、身等感觉器官，反复刺激我们的大脑，我们的大脑从最初的"感觉"（知觉、表象、印象等），然后经由个人运用或观察得到进一步的信息回馈，若自己主观上认为是好的回馈，就会保留下来成为心智模式，不好的回馈就会放弃。心智模式不断地接收新信息的刺激，这种刺激的过程经过思考、强化加深，一定的观念或习性就会在头脑中固定下来，不易发生改变。

人们看到马戏团里的大象，一只脚被绳索简单地拴在木桩上，它就很少挣扎。因为从小象开始，主人拴它用的是牢固的铁索，无论它如何挣扎，都无法挣脱，久而久之，它就不再挣扎了。在它的大脑里已经形成了：脚上有锁链，挣扎是徒劳的。

动物尚且如此，何况是人呢？因此，人们改变已形成的思想观念、习性是较为困难的，所以有“江山易改，本性难移”的说法。

“思考结构”根植于心智模式之中，帮助人们简化和理解复杂的事物，并强迫我们从某些个特定的、有限的角度来看待世界。比如，我们常说要“跳出框架看问题”、“不要总用老眼光看问题”、“完全是分析角度的问题”等，都是在说思考结构。它非常隐性地存在于人们的心智模式中，它决定了一个人看待一个事物的视角，潜移默化地影响着人们的思考和决策。

二、思考结构同心智模式一样有欠缺

1. 心智模式存在欠缺

人们的心智模式或多或少都存在一定的缺欠。原因有以下几点。

（1）固化于头脑中的“图像”（经验、观念、知识、价值观等）一般是事物的“共性”，当外界的信息（个性）刺激人们头脑时，人们的思维方式是进行演绎推理的，是用已有的结论推导出个别事物的结论，而个别事物是千差万别的，都有其特殊性，因而其推论出的结论必然会出现或多或少的偏差，甚至偏差很大。

例如，《三国演义》中刘备见庞统的故事。在刘备的头脑里有“相貌丑陋的人无大才”的理念，所以当他第一次看到庞统的时候，虽然早就听说过庞统的大名，但他还是按照“相貌丑陋的人无大才，庞统其貌不扬，庞统无大才；无大才的人不可重用，庞统无大才，庞统不可重用”的思路，只让庞统去当一个县官。诸如此类的事例或按这样的逻辑思维的人，在我们日常的生活中数不胜数。

（2）固化于头脑中的“图像”本身有偏差，即人们拿来比较事物的“标准”本身是有条件的，当用有条件的“标准”衡量呈现在眼前的事物时，自然对事物的判断出现偏差。因为任何真理都是相对的，都是有条件的，都是人们在一定条件下对客观事物的正确认识，所以真理都是相对的。

比如说，水在100℃时沸腾，这是科学家在大气压为1时确定的“标准”。我们现实生活中怎么可能都处于这样“标准”的环境条件呢？所以事实上，同样的水在不同的地方，其沸腾温度是不一样的。在青藏高原，水不到100℃就沸腾了。

另外，任何人形成的价值观和思维方式都不可能完全符合客观规律，不可能完全符合客观实际。通常的情况是，在这件事上看对了，在看另外一件事时，有可能就看错了。

（3）客观事物本身具有假象，人们对其认知不可能一次就认识完毕，况且任何事物都有其特殊性，尤其是复杂的事物，需要多次的实践过程才能把握其本质，凭已有经验瞬间就对事物做出的判断，往往是不全面、不准确的。所谓“明察秋毫”、“料事如神”，只是对人认识能力的一种夸张说法。

（4）客观事物总是处在发展变化之中，运动是事物的基本属性，是绝对的，静止只是相对的。用相对固定的认识去判断发展变化着的事物，怎能会不出现偏差呢？正因为如此，要求我们更新观念，解放思想，与时俱进。

例如，我们现在已进入信息时代，信息技术飞速般地发展，改变着我们工业生产的方式，如外包生产、虚拟企业、价值组装、智能制造等生产方式正流行；互联网改变着我们企业的营销模式，B2B 营销模式在大行其道；创客、众筹、3D 打印……新事物层出不穷。因此，我们的思想必须更新，跟上时代发展的步伐。我们要建立互联网思维，抛弃工业经济时代的某些经营理念，才能对新出现的事物有较为正确的判断。

2. 思考结构常扭曲我们所见

同理，思考结构根植于心智模式中也常常扭曲我们看到的一切。虽然思考结构的存在可以帮助我们在一个非常复杂或混乱的世界里非常高效率地思考，决定了我们关注哪些视角，但是也往往让我们忽视很多看待问题的视角。

（1）思考结构是隐性的，往往很难被觉察看到。我们需要刻意地去觉察，显性化我们的思考结构，才能够发现我们到底是通过哪些视角来看待这个世界的。

（2）思考结构往往是不健全、不完整的。如心智模式是有偏差的一样，思考结构产生于每个人的主观意识中，不太容易能够审视到全部事实，往往是不健全和不完整的。

（3）思考结构很难改变。一旦习惯了某个思考结构，人们会对其产生依赖和情感，需要通过有意识的努力、理性的干预才可能改变，而这种干预需要经过一个很长的过程。

综上所述，一旦习惯了某个思考结构就会从某个特定的视角审视问题，其他的视角和思路就会被切断。比如，当年发明自动轮椅的残疾人如果每天想的问题是如何在床上更好地打发时间，而不是想办法离开床到外面的世界去看看，那么他可能永远不会有这个发明。这种例子非常多。比如，当年火车铁轨被发明出来时，很多人绞尽脑汁想解决如何让火车能够安全地在铁轨上行驶，所以人们把铁轨的边缘加上了钢边以防止行驶过程中火车滑落。当然，现在你看到的不是轨道有钢边，而是轮子的边缘是凸出来的。因为之后又有人换了一个视角看问题“如何能让车轮子把轨道抓得更牢固”。

有时人类想要产生一个突破性的想法，需要耗费数年甚至几个世纪的时间，思考结构的局限就是原因之一。

扫一扫，跟李忠秋一起透过结构看世界！

回复“PPT02”：获取第二章电子版手绘 PPT

第三章

觉察并改善自身思考结构的科学思维

思考结构可以影响我们如何看待事物，可以影响我们的认知方法。良好的思考结构、积极的人生心态可以帮助我们战胜自卑和恐惧，可以帮助我们克服惰性，可以发掘自己的潜能，使我们工作得更有成效。

所以思考结构也是一种思维定式，我们这里所说的思维定式并非贬义词，而是指我们认识事物的方法和习惯。如果我们的思考结构与认知事物发展的情况相符，就能有效地指导行动；反之，如果我们的思考结构与认知事物发展的情况不相符，就会无法实现自己好的构想。所以，我们要保留思考结构科学的部分，完善不科学的部分，取得好的成果。

这种长时期形成的稳固思考结构想要改变是不太容易的，同时在这些经过多年而形成的思考结构的基础上，我们在面临具体问题的时候也可以通过理性地干预来组织自己的思路和看问题的视角。换句话说，针对眼前的问题和决策构思一个合适的思考结构。尽管这种临时构思的思考结构不能马上改变原有的思考结构，但在影响我们决策时具有同样的作用，而且通过长时期的重构是可以改善我们原有的思考结构、提高思考质量的。

由于，思考结构改变的复杂性，接下来我们与大家分享一下培养意识和掌握方法两个方面，如何运用科学的方法完善思考结构。如图 3-1 所示。

图 3-1　觉察并改善自身思考结构的习惯

第一节　培养意识——养成优化思考结构的习惯

如图 3-2 所示。

图 3-2　培养意识：养成优化思考结构的习惯

一、改变观念

前面我们说过，思考结构存在于心智模式之中，心智模式是头脑中已经形成的观念、价值观等判别事物的“标准”。由于事物的变化及环境的变迁，我们脑中的“标准”也应随之更新，才能更准确地做出判断，也就是说随着事物的变化，我们基于思考结构审视问题的视角也应该随之更新，否则对事物的看法必然是错误的。这是不言而喻的。

二、学习新知

善于学习的人，知识丰富；学识渊博的人，智慧聪明。他们头脑中积累的经验、知识等比一般人多得多，所以这样的人对事物的观察比常人敏锐，判断事物的“标准”比一般人更趋于完善。我们完善思考结构，就需要勤奋学习、博学善思。

晏婴两桃杀三士

春秋战国，齐国的齐景公当政时，有三个勇士，一个叫田开疆，一个叫公孙杰，一个叫古冶子，号称“齐国三杰”。这三个人勇武异常，深受齐景公的宠爱，但他们却恃功自傲，势力越来越大，直接威胁到齐国的安全与稳定。相国晏婴担心“三杰”危害国家，屡谏景公除掉“三杰”，然而景公爱惜勇士，没有表态。

适逢鲁昭公访问齐国，齐景公设宴款待。鲁国由叔孙蜡执礼仪，齐国由晏婴执礼仪，君臣四人坐在堂上，“三杰”佩剑立于堂下，态度十分傲慢。晏婴心生一计，决定乘机除掉这三个心腹之患。当两位君主酒至半酣时，晏婴说：“园中桃子已经熟了，摘几个请二位国君尝尝鲜吧？”齐景公大悦，传令派人去摘桃。晏婴忙说：“金桃很难得，还是臣亲自去吧。”一会儿的工夫，晏婴带着园吏，端着玉盘献上6个桃子。众人一见，只见盘子里放着的6个桃子，个个硕大新鲜，桃红似火，香气扑鼻，令人垂涎。齐景公问：“就结这几个桃吗？”晏婴说：“还有几个没太熟，只摘了这6个。”说完恭恭敬敬地献给鲁昭公和齐景公一人一个桃子。鲁昭公边吃边夸奖桃味甘美。景公说：“这桃子实在难得，叔孙大夫天下闻名，当吃一个。”叔孙诺谦让道：“我哪里赶得上晏相国呢？相国内修国政，外服诸侯，功劳最大，这个桃子应该他吃。”齐景公见二人争执不下，便说道："既然二位谦让，那就每人饮酒一杯，食桃一个吧！"两位大臣谢过齐景公，把桃吃了。

这时，盘中还剩有两个桃子。晏婴说："请君王传令群臣，谁的功劳大，谁就吃桃，如何？"齐景公同意，于是传令下去。话音刚落，公孙杰率先走了过来，拍着胸膛说："有一次我随国君打猎，突然从林中蹿出一头猛虎，是我冲上去，用尽平生之力将虎打死，救了国君。如此大功，还不应该吃个金桃吗？"晏婴说："冒死救主，功比泰山，可赐酒一杯，桃一个。"公孙杰饮酒吃桃，站在一旁，十分得意。古冶子见状，厉声喝道："打死一只老虎有什么稀奇！当年我送国君过黄河时，一只大鼋兴风作浪，咬住了国君的马腿，一下子把马拖到急流中去了。是我跳进汹涌的河中，舍命杀死了大鼋，保住了国君的性命。像这样的功劳，该不该吃个桃子？"景公说："当时黄河波涛汹涌，要不是将军斩鼋除怪，我的命早就没了。这是盖世奇功，理应吃桃。"晏婴忙把剩下的一个桃子送给了古冶子。一旁的田开疆眼看桃子分完了，急得大喊大叫："当年我奉命讨伐徐国，舍生入死，斩其名将，俘虏徐兵5 000余人，吓得徐国国君俯首称臣，就连邻近的郯国和莒国也望风归附。如此大功，难道就不能吃个桃子吗？"晏婴忙说："田将军的功劳当然高出公孙杰和古冶子二位，然而桃子已经没有了，只好等树上的桃子熟了，再请您尝了。先喝酒吧。"

田开疆手按剑把，气呼呼地说："打虎、杀鼋有什么了不起。我南征北战，出生入死，反而吃不到桃子，在两位国君面前受到这样的羞辱，我还有什么面目站在朝廷之上呢？"说罢，竟挥剑自刎了。公孙杰大惊，也拔出剑来，说道："我因小功而吃桃，田将军功大倒吃不到。我还有什么脸面活在世上？"说罢也自杀了。古冶子沉不住气了，大喊道："我们三人结为兄弟，誓同生死，亲如骨肉，如今他二人已死，我如何苟活，于心何安？”说完，也拔剑自刎了。

鲁昭公目睹此景，目瞪口呆，半天才站起身来，说道：“我听说这三位将军都有万夫不当之勇，可惜为了一个桃子都死了。”齐景公长叹了一声，沉默不语。这时，晏婴不慌不忙地说：“他们都是有勇无谋的匹夫，少几个这样的人也没什么了不起，各位不必介意，请继续饮酒吧！”

“两桃杀三士”的典故就来源于此。

从这个典故中，我们不难看出，齐国三位勇士的心智模式不仅有很大的缺陷，而且思维方式极为简单，与知识渊博的晏婴根本无法相比，所以晏婴略施小计，就除掉了他们。

历史上凡是著名的谋士，无不是饱学之士，如张良、诸葛亮等。而那些不读书的武夫，思维简单，只能持一时之勇，导致失败或灭亡。项羽就是一个典型。他年轻时拿起书本就头疼，不肯学习，头脑简单，总是直线式思维，虽然“力拔山兮气盖世”，最后导致别姬、自刎的下场。

马克思说：“不学无术在任何时候，对任何人，都无所帮助，也不会带来利益。”列宁说：“只有用人类创造的全部知识财富来丰富自己的头脑，才能成为共产主义者。”在知识经济时代，我们更应该勤奋学习，事实证明大量客观的思考结构的形成都源于不断学习，这是完善思考结构的根本途径。

三、换位思考

由于人们处的位置不同，对问题的看法也不同。当我们听到、看到同一件事后，各人得出的结论也不相同。若能换位思考，也许能觉得对方的结论有些道理，弥补自己没有想到的。

同时，我们知道，人们观察事物的思维方式也是多种多样的，除了正向思维之外，还有反向思维；除了发散思维（如头脑风暴法）之外，还有聚合思维等。俗话说，三个臭皮匠，顶个诸葛亮，遇事解决问题要群策群力，集众人的智慧。这里给大家举一个反向思维的案例。

王永志反向思维保导弹按时发射试验

1964年夏天，我国自行设计的中近程“东风-2”型导弹，准备进行第一次飞行试验。但是，由于气温高，燃料箱的液态推进剂膨胀，并蒸发泄漏了一部分，计算导弹的弹道时，发现射程不够。怎么办？发射基地的领导召开紧急会议，商讨对策，专家们都认为应补充燃料，再多加一点推进剂，但是火箭的燃料贮箱有限，再也“喂”不进去了。在此关头，当时还是小小中尉军官的王永志提出了一个独特的解决方案：从火箭体内泄出一部分燃料，导弹就能达到预定射程。本来火箭能量就不够，还要往外泄？在场的“权威”认为这是天方夜谭。王永志不甘心，认为泄出一部分燃料，会减轻导弹的重量，导弹总重量轻了，就会射得更远。于是，他鼓起勇气找到时任发射场技术总指挥的钱学森，谈了自己的想法。钱学森听后，感到有道理，问王永志需要泄出多少公斤燃料？王永志计算后，认为需要泄出600公斤。钱学森马上把火箭总设计师叫过来叮嘱道：“那个年轻人的意见对，就按他的办！”果然，导弹泄出部分推进剂后射程增大了，连打三发，都进入了目标区，试验取得了成功。

通过对思考结构的思考，我们可知，思考结构它是有缺陷的，而且需要完善。在处理具体问题的时候，我们不妨先剖析一下对手或自己的思考结构，弄清楚对手心里是怎样想的？在调查的基础上，多做几次反思，重构自己的思考结构，修正自己的经验与观念，那么我们对事物的判断及结论会更准确，解决问题也更有成效。这个过程其实就是我们在改造客观世界的同时，也要改造主观世界。

第二节 掌握方法——结构思考力三层次模型

“透过结构看世界”是我们的理念。世间万物皆有结构，如果人们能通过结构的视角去看待事物，便更容易抓住事物本质，化繁为简。前文中提到，我们本身就具有思考结构，它根植于过往的学习、职业经历甚至文化背景中，它决定了我们对外界的看法。比如，很多人习惯于从产品经理的角度看问题，有的人习惯于从营销、心理学、科学家等不同的角度看问题，而这些潜移默化的思考结构决定了人们审视问题的视角，这些视角往往在帮助我们快速决策的同时，也经常造成很多偏见和盲点。那么到底该如何避免思考结构带来的偏见和盲点呢？接下来给大家介绍的是如何运用结构思考力来优化我们的思考结构。

结构思考力从结构的角度总结出结构思考力三层模型（见图 3-3），帮助人们将隐性的思考显性化，并从结构的视角对思考结构进行调整与修正，使思考更匹配当前的环境需求。

图 3-3 结构思考力三层模型

一、理解——隐性思维显性化

第一步是理解，即觉察自己和他人思考结构的存在，然后评估这样的思考结构是否符合现在的客观环境，要求人们将日常生活中不曾留意的思考结构显性化，也就是做到隐形思维显性化。

虽然我们深刻地认识到思考结构的重要性，但是绝大多数人都是无意识地选择习惯的思考结构看待问题。所以在理解环节，分享一些方法教会你觉察并评估自己的思考结构，为未来重构更清晰、全面、广阔的思考结构奠定基础。

比如，一家石油公司遇到了一个问题，大家在讨论一个储油罐建在了要筹建的输油管道上了，不知道该如何处理。经过多次会议最后提出了三个解决方案：① 用大型起重机把这个储油罐移走；② 改变输油管道的建设路线；③ 把这个储油罐拆掉，在其他地方再建一个。通过分析又觉得三个方案都不可行。第一个方案风险太大，第二、第三个方案成本太高。

我们把上述思考过程复盘一下。具体结果如图 3-4 所示。

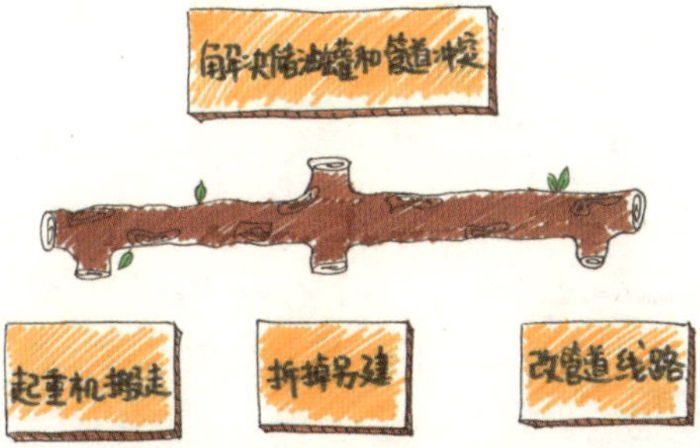

图 3-4 理解：解决储油罐和管道冲突

二、重构——显性思维结构化

第二步是重构，当现有的思考结构不能符合客观环境时，我们需要针对眼前的问题或决策重构一个合适的思考结构。虽然这个临时的思考结构，不会像固有的思考结构那样深刻，但同样有助于我们解决问题和决策，即显性思维结构化。

通过上一个环节，你已经清晰地分析和评估了当前的思考结构。如果结果是认为现有的思考结构是不健全或不符合当前客观环境的话，就需要对它进行重构。后来有人提议说“可不可以在储油罐周围建一个填满水的大水池，然后把储油罐放到水池里移动到合适的地方”，最后用这样一个新颖的方式解决了这个问题。

我们重新从结构的视角评估下，上述的三个方面分类并不是清晰的，可以重新划分为储油罐和管道两个方面，而针对储油罐又可以划分为搬走和拆掉，在搬走中除了起重机外还可以考虑其他别的安全方法，于是在新的视角下又找出很多创新的解决方案，得出图 3-5。

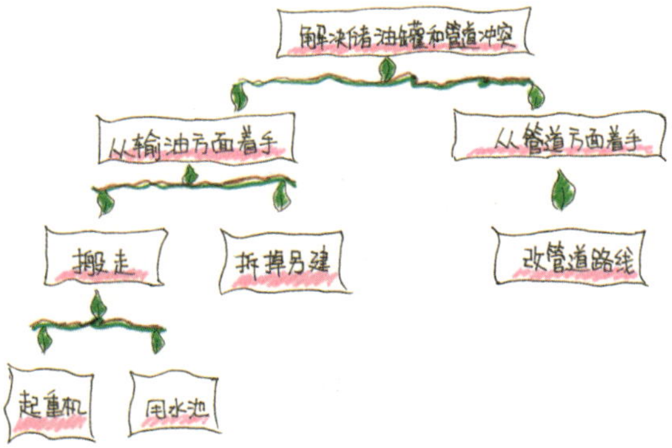

图 3-5　重构：解决储油罐和管道冲突

三、呈现——结构思维形象化

第三步是呈现，当我们已经重构出新的思考结构后，需要运用形象化的方式呈现出现有的思考结构，从而更直观地让自己和对方能够理解，即结构思维的形象化。

理性干预后的思考结构，如果想更好地应用于我们的思考、表达和解决问题，需要用形象化的方式呈现出来，具体方法在第六章会详细介绍。

整个过程中，三个步骤是不断循环进行的。基于此得出对结构思考力的一个描述："结构思考力是一种帮助人们察觉并改善自身思考结构的思考艺术。通过结构思考力'理解、重构、呈现'方法的循环运用，我们可以从结构的视角更全面、清晰地看待和认知事物，有效改善思考质量。"

方法篇

结构思考力三层次模型解析

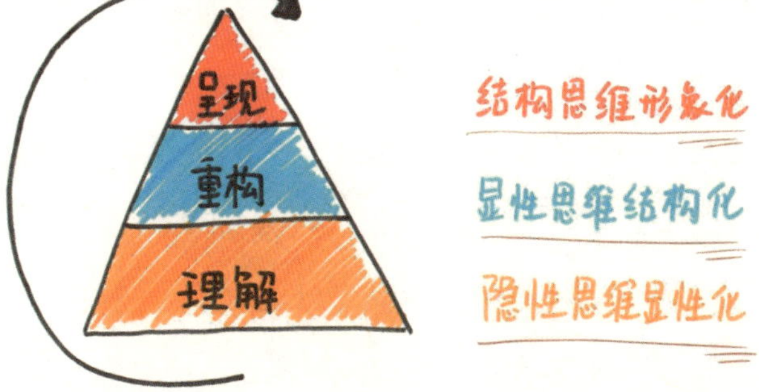

第四章

理解——隐性思维显性化

在开始之前，我先问大家一个问题。提到小笼包，你觉得什么样的小笼包是好的小笼包，好的小笼包的标准是什么呢？

可能有很多人会提到几个关键词，比如皮薄、汁多、馅大、肉鲜。我还想大家思考另外一个问题，皮薄，多薄算好呢？馅大，多大算好呢，标准是什么呢？肉鲜，多鲜算鲜呢？这些表达只能意会不能言传，换句话说是非常隐性的。

前几天在微信上看到这样一件事。在上海，一位美国厨师用了 16 个月的时间，走访了 52 家小笼包馆，做了什么事呢？到每家小笼包馆，他用三样工具去评价小笼包。他用的第一个工具是精确到 0.01 克的电子秤，第二个工具是精确到 0.01 毫米的夹子，第三个工具是一把剪刀。通过这三个工具，测量小笼包的几个维度来计算小笼包的结构工艺：每个小笼包的重量，汤汁的重量，馅料的重量，皮的厚度。他通过这么多的数据收集和分析后，做出了一个上海小笼包的索引。

给大家讲这个例子并不是想告诉大家什么样的小笼包是好的小笼包，而是想讨论东方和西方在厨艺上有特别大的差别。如果你去学西餐，老师会告诉我们放几克盐，放几克几勺的油；而你学中餐时，老师会教我们怎么说？放盐叫少许，放油叫适量，少许是多少啊，老师只会说只可意会不可言传。换句话说，我们在实践中不断地积累经验，才会知道少许和适量是多少。所以，通过这个例子，想给大家传递的观点是什么呢？以上例子的方式方法就是特别隐性化的一种思维，隐性思维是不太容易传承的，那么在工作当中，为了提高我们的效率，思考和表达不能只是意会，必须清晰明了。本章从理念和方法两个角度，探讨隐性思维如何显性化，如图 4-1 所示。

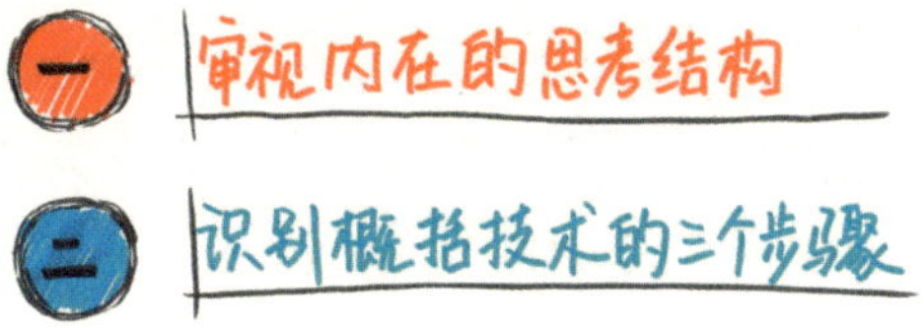

图 4-1 理解：隐性思维显性化

第一节 审视内在的思考结构

我们在理解这个层次时与大家探讨的问题就是，如何把我们的思维变得显性化，所用的具体方法叫做结构思考的识别概括。在讲具体方式之前，我们用案例的方式和大家探讨。先给大家看一个文章的片段，之后请大家拿一张纸画出文章的金字塔结构，画完结构之后试着用一句话概括文章的内容是什么。要尽量把信息概括得完整全面，而不是“这篇文章是介绍书法的”这么简单。

之所以用文字案例的方式来进行讨论，是由思维本身的不可识别性决定的，而内化的思考会从外化的表达中体现出其思考结构，所以我们在书中运用大量的文字表达案例来跟大家一起讨论。文章片段如下。

中国书法是一门古老的艺术，它伴随着中华文明的发展而发展。全世界拥有书法艺术的民族屈指可数。书法作为一种艺术创作，具有很深的玄妙之处。中国书法具有悠久的历史，从甲骨文、金文演变为大篆、小篆、隶书，到东汉、魏、晋时期，草书、楷书、行书诸体基本定型，为一代又一代人们所喜爱。书法，是在洁白的纸上，靠毛笔运动的灵活多变和水墨的丰富性，留下斑斑迹象，在纸面上形成有意味的黑白构成，所以书法是构成艺术；书法家的笔是他手指的延伸，笔的疾厉、徐缓、飞动、顿挫，都受主观的驱使，成为他情感、情绪的发泄，所以，书法也是一种表现性的艺术。书法能够通过作品把书法家个人的生活感受、学识、修养、个性等悄悄地折射出来，所以有“字如其人”、“书为心画”的说法。书法还可以用于题词、书写牌匾，因此，也是一种实用性的艺术。

信息量有点大，我们来仔细地思考一下，这一段文字的金字塔结构是什么，怎么用一句话来概括它的结构。

中国书法是一门古老的艺术，它伴随着中华文明的发展而发展。全世界拥有书法艺术的民族屈指可数。书法作为一种艺术创作，具有很深的玄妙之处。中国书法具有悠久的历史，从甲骨文、金文演变为大篆、小篆、隶书，到东汉、魏、晋时期，草书、楷书、行书诸体基本定型，为一代又一代人们所喜爱。书法，是在洁白的纸上，靠毛笔运动的灵活多变和水墨的丰富性，留下斑斑迹象，在纸面上形成有意味的黑白构成，**所以书法是构成艺术**；书法家的笔是他手指的延伸，笔的疾厉、徐缓、飞动、顿挫，都受主观的驱使，成为他情感、情绪的发泄，所以，**书法也是一种表现性的艺术**。书法能够通过作品把书法家个人的生活感受、学识、修养、个性等悄悄地折射出来，所以有**“字如其人”、“书为心画”**的说法。书法还可以用于题词、书写牌匾，**因此，也是一种实用性的艺术**。

我们要找到它的结构的前提是什么，明确它的结论是什么。换句话说，金字塔最顶端的中心思想是什么，成为结论的中心思想的前提是什么呢？它必须是一个观点。那我们看一下这段文字中有哪些语句是观点，大家看到我加粗的这些语句是片段中观点性的语句，那这么多观点性的语句中到底哪句是中心思想呢？我们不着急，要想判断哪句是中心思想除了取决于观点本身，还取决于什么？小学时候老师教我们写作文的三要素是论点、论据、论证。论据和论点之间是什么关系？论据要支撑论点，换句话说被论据支撑的论点才能是结论，我们已经找出了观点性的语言。那我们接下来要做的是判断哪些语句是事实类的论据？找出来以后再看，这些事实观点支撑哪些论点。我们看一下未被加粗的事实依据，通过这样的标注大家会发现，文章的下半部分比较清晰，未加粗的语句都是支撑后半部分加粗的观点的。

再看上面的几个观点。第一，“书法是一门古老的艺术”；第二，“具有很深的玄妙之处，具有创作艺术”。这两个观点都有相应的依据去支撑，所以根据这样的一个支撑关系可以画出它的金字塔结构来。有一句观点是没有被任何论据支撑的，世界上拥有书法艺术的民族屈指可数，那画结构的时候我们把它放在哪儿呢？没错，放到序言的结构。

画完结构如图 4-2 所示。序言是“世界上拥有书法艺术的民族屈指可数”，中心思想是“书法是一宗古老而玄妙的艺术创作”，两个分支分别是：“具有悠久的历史”、“拥有丰富的艺术表现形式”。之所以说这是它的结构，是因为拥有这个结构之后，我们就可以很容易地用简练的语言概括出主要内容了。比如“在介绍世界上拥有书法艺术的民族屈指可数的基础上，分别从中国书法具有悠久的历史和拥有丰富的艺术表现形式两个方面，说明了中国书法是一种古老而玄妙的艺术”。

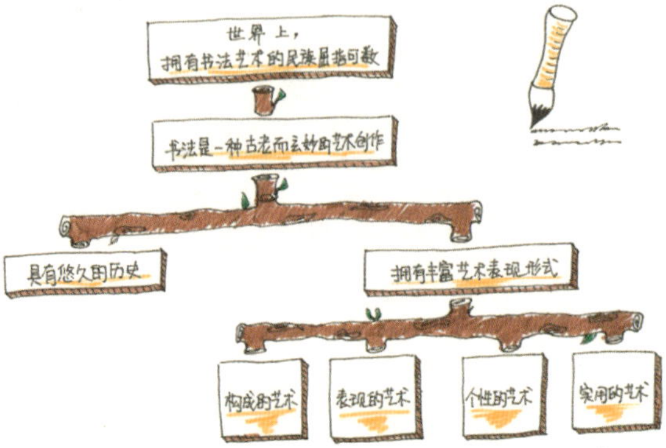

图 4-2　书法文字片段结构

接下来我们稍微回顾一下，我们是怎样一步一步地得出结构，把内容概况为一句话的。首先回顾一下我们做了几件事。如图 4-3 所示。

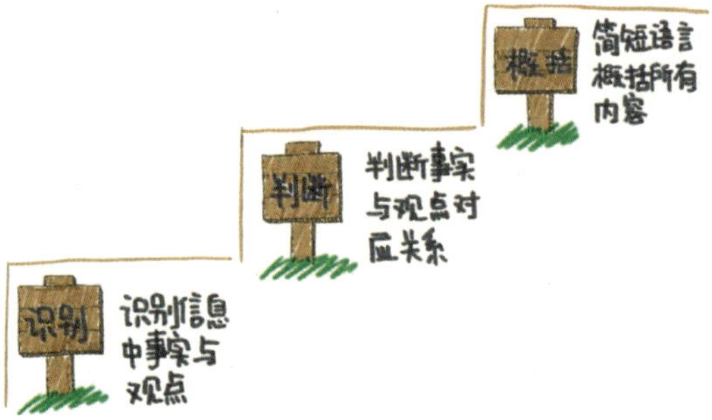

图 4-3　识别概括技术的三个步骤

第一步，识别。我们首先找出了所有文字片段里的观点性语言，其次又找出了事实和描述类的语言，识别信息中的事实与个人观点或判断（包括理由和结论）。

第二步，判断。事实支撑着不同的观点，判断事实与观点对应关系，画出结构图。

第三步，概括，用一句话概括所有内容。

运用这三个步骤就可以很好地找出他人传递给我们的信息结构、思考结构是什么样的，将隐形的思维显性化。

第二节 识别概括技术的三个步骤

识别概括技术的三个步骤如图 4-4 所示。

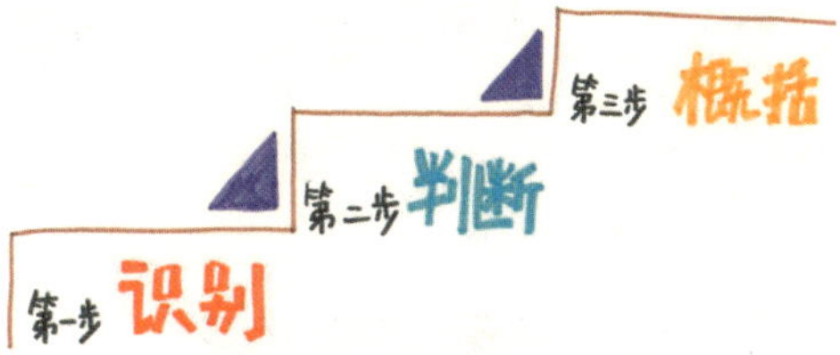

图 4-4 识别概括技术的三个步骤

一、识别—识别信息中的事实、理由及结论

如图 4-5 所示。

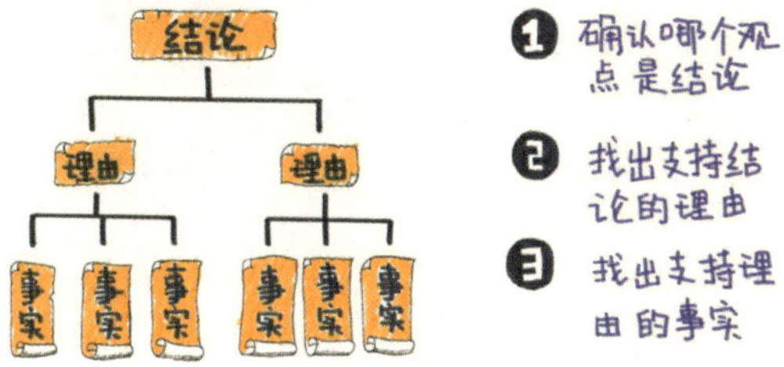

图 4-5 识别信息中的事实与观点

1. 确认哪个观点是结论

何为观点？简单的理解是从一定的立场或角度出发，对事物或问题所持的看法。它是作为个人的看法区别于事实存在的，这样理解的话我们就可以很容易地找出信息中的观点来。

作为信息接收者，想要知道对方到底想要表达什么，就要明确其表达的结论。在众多的观点里，如何判断哪个是对方想要表达的结论呢？结论在结构思考力当中也被称为“中心思想”。它首先是个观点，其次需要被别的观点（理由）或事实支撑，否则就不能称为结论。在这里与大家分享几个确定“结论”的主要线索。如图 4-6 所示。

图 4-6　确认那个观点是结论

（1）线索 1：寻找结论的指示词

通过关注重点的指示词来判断结论。指示词包括：

- 因此
- 表明
- 由此可知
- 由此得出
- 因此可以断定
- 我要说的重点是
- 显示出
- 证明
- 告诉我们
- 问题的实质是
- 所以

当然并不是所有的表达一定会应用这些词语，不过这些词确实为我们找出结论提供了简便的方法。

（2）线索 2：关注几个重要位置

要格外关注几个重要位置，比如表达的开头、结尾，如果是文章的话，还要格外关注段落的开头及结尾处，这些地方都是比较容易呈现结论的地方。

（3）线索 3：问一问“所以呢”

尝试着问一问“所以呢”，会有助于找到结论。

2. 找出支持结论的理由

理由首先也是一个观点，是解释为什么结论可以被认可的原因，它告诉我们为什么可以相信这个结论。在这里与大家分享几个主要的线索。如图 4-7 所示。

图 4-7　找出支持结论的理由

（1）线索 1：寻找理由提示词

理由是在对结论进行解释，所以与寻找结论类似，理由也会经常藏在一些理由提示词的后面。比如：

- 由于
- 因为这个原因
- 因为这个事实
- 鉴于
- 有以下材料支撑
- 因为证据是
- 调研显示
- 第一，第二，第三

……

（2）线索 2：问一问“为什么呢”

找结论的时候要问一问“所以呢”，其实结构思考力是从下往上找结论。而找理由的这个技巧与找结论的正好相反，是已经确认了结论是什么找对应的理由，所以问的问题是“为什么呢”。

（3）戴上“白帽子”看都有哪些事实

找出事实的技巧跟找出理由的技巧类似，因为事实是用来支撑理由的，就如同理由是用来支撑结论的一样。如图 4-8 所示。

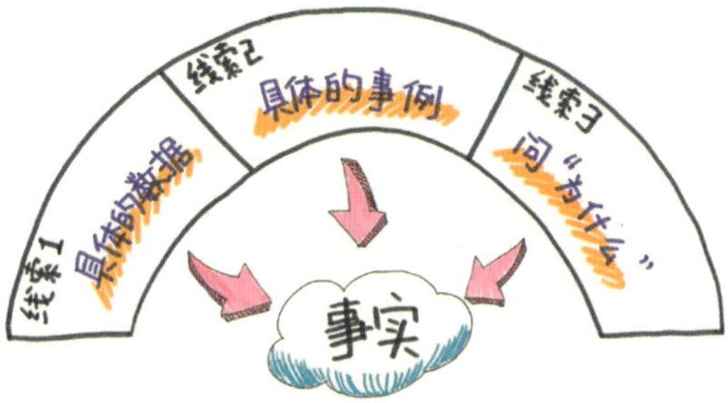

图 4-8　找出支持理由的事实

二、判断——找出对应关系画出结构图，不再做人云亦云的菜鸟

第二步就是要找出结论、理由和事实的对应关系，并画出结构图。如图 4-9 所示。

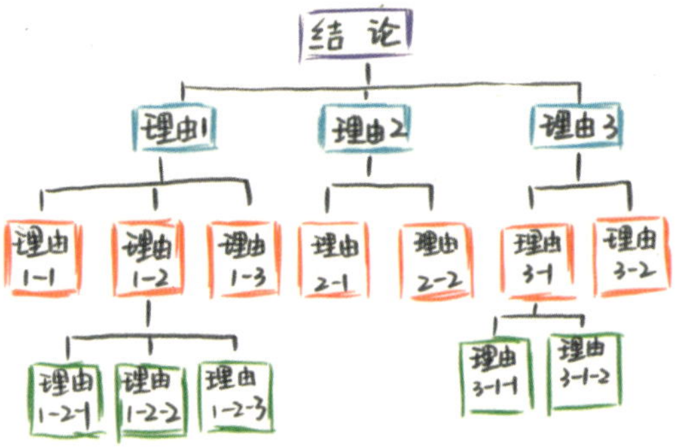

图 4-9　判断：找出对应关系画出结构图

当我们运用结构思考力接收信息，通过结论、理由、事实的对应关系画出结构图后，就可以去判断对方结论的合理性。不但听清楚了，还能从侧面提高个人的独立思考能力，而不是简单的人云亦云。

三、概括——一句话概括主题句，迅速变身职业达人

概括是接收信息的最后一步，我们接收信息的最终目的是做到听清楚、说明白，可以用最精练的语言对得出的结构进行概括。如图 4-10 所示。

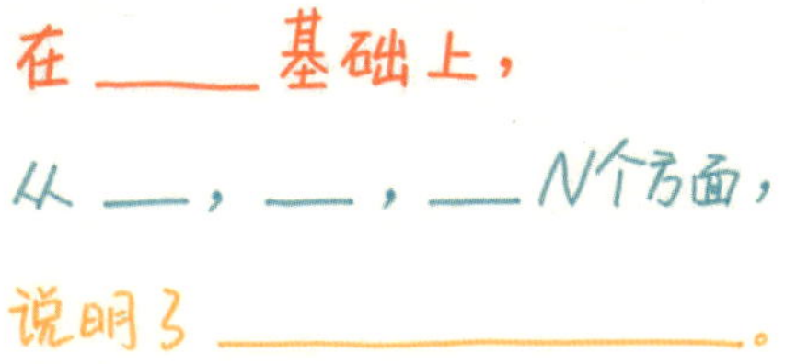

图 4-10 概括：一句话概括所有内容

关于理解部分的识别概括技术在结构思考力系列丛书的《结构思考力》中有更详细的阐述，另外在附录中也为大家提供了在日常工作中运用识别概括技术找出自身或他人思考结构的工具表单。

当然在本章的案例中，通过识别概括得出的结构恰巧是一个清晰健全的结构。但是在日常的生活和工作中，通过这种方式得出的自身或他人的思考结构往往是不健全的。比如有的人没完没了地说了很多，但没有结论；有的人说了很多观点，但没有任何依据；有的人虽然有结论和依据，但他说的依据并不能支撑他的观点等。遇到这种结构不健全的情况，就需要对其重构。

第五章

重构——显性思维结构化

把问题看得全面、准确，使制定的措施策略得当、方针正确，是达到预期效果的前提。而把问题看得全面、准确的前提是我们观察事物的观念与方法正确。

上一章我们从“理解——隐性思维显性化”的角度谈了如何运用结构思考力觉察并审视思考结构的原理及方式。这一章我们将讨论如何运用“重构”做到“显性思维结构化”，并重点从重构结构应持有正确的观念（主要是站在全局看局部，透过现象看本质，站在未来看现在，逻辑思考要验证）和正确的方法两个方面，阐述如何有效地透过结构看世界。如图 5-1 所示。

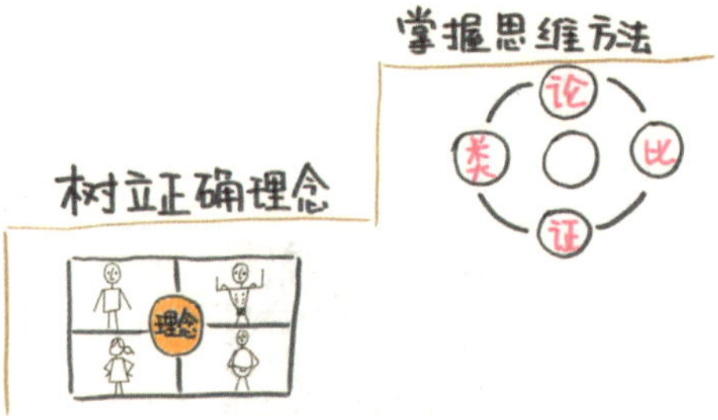

图 5-1　重构——显性思维结构化

第一节 树立透过结构看世界的正确理念

树立透过结构看世界的正确理念，如图 5-2 所示。

图 5-2 树立透过结构看世界的正确理念

一、站在全局看局部

首先我们要先从整体上看待事物，从全局看事物，即先看事物的全貌。这就是说，要站在全局看局部。

站在全局看局部是一种鸟瞰式的观察，由于站位高，自然可以把事物看得更完整。“盲人摸象”的故事就告诉了我们违背这个真理是多么荒谬。

高瞻方能远瞩。站在全局看局部是一种战略式的观察，由于站位高，自然可以看得更远。正如杜甫的《望岳》诗所言：“会当凌绝顶，一览众山小。”

毛泽东在其《中国革命战争的战略问题》一文说：“懂得了全局性的东西，就更会使用局部性的东西，因为局部性的东西是隶属于全局性的东西的。”告诫我们：“指挥全局的人，最要紧的，是把自己的注意力摆在照顾战争的全局上面。”（见《毛泽东选集》合订一卷本第 159、160 页）

从系统论的原理看，由于系统由一系列相互联系的各个部分（子系统）构成，一旦陷入其局部观察它，就会“一叶障目不见泰山”，造成片面性。

可是，人们还是免不了从局部看问题，一是人们站在全局看局部的观念不强，二是看问题的方式有缺欠。其主要原因如下。

（1）常人的思维惰性。由于生活在简单的世界中远比生活在复杂的世界中来得轻松，所以有时候我们不希望看清楚这种复杂性。人们倾向于否认复杂性的存在，试图相信我们的行动总是会产生我们想要的效果，而且没有副作用。因而不愿意用心思考复杂的问题，而是总想把问题简单化。

（2）思维方式的直线化。或许人们出于务实的考虑，把复杂的事物简单化，因为理解一些小而简单的事情，要比从整体上理解复杂的事情更容易。

（3）人们在科研中习惯采用化整为零、各个击破的方法。人们精心设计一个实验，控制特定的条件，细心观察实验所产生的结果。这样可以排除其他干扰因素，以便于关注我们最感兴趣的内容。这种通过剖析目标对象的某些特殊部分从而达到对其进行详细研究的方法，在科学研究中取得了成功。因此，无论什么时候遇到问题，我们都会试图使用同样的方式来解决它，即使这个问题和我们周围这个明显反复无常、任意而又疯狂的世界密切相关。但是，割裂事物的结果是非常糟糕的。彼得·圣吉在《第五项修炼》中指出，“将一头大象分成两半，并不能造出两头小象”，形象地阐明了这一点。如果你的目标是理解大象这个系统是如何运转的，而你试图将大象切成块，并研究每一块的性质，你很可能达不到目的，因为将大象切成两半这一举动本身只会将一个良好运作的系统变成两个无法运转的系统。所以，如果你想理解一个系统，并试图进一步解读它，就必须从整体上理解它。

人们也许会问：透过结构看世界，不是剖析事物的内部结构吗？既然剖析其结构，就是看其局部，怎么是站在全局看局部呢？

这里有一个误解，透过结构看世界，其“结构”或者说思维逻辑如图 5-3 所示。

图 5-3　站在全局看局部

由此可以看出，认识事物是由整体到局部，再由局部到整体的紧密过程，是用“联系”的辩证观分析事物的过程。

先看整体（全局），是找出这个事物同周围事物之间的联系，看清它在一个较大范围的“结构”中所处的地位，以把握它同周围事物之间的关系；再剖析其内部结构，则是找出这个事物本身内部各部分之间的联系，以把握其自身的特性；再由局部到整体进行综合，以全面认知它的本质、规律，达到理性认识。此时，我们对它的认识才是比较全面、比较彻底的，我们具有了“概念性”的认识，才能够对它进行准确的表述。

因此，我们运用“透过结构看世界”时，要树立站在全局看局面的理念。站在世界看中国，站在“圈外”看“圈内”等理念，都具有同样的含义。

二、透过现象看本质

现象与本质是辩证法中的一对范畴。其内涵是：事物的本质是隐藏在事物内部的必然性联系，要通过外部的多种多样的现象表现出来；现象表现本质，本质决定现象。认识的任务是透过现象看本质。

我们先看一个事例。

20世纪70年代初，某军用机场起飞了一架喷气式歼击机。当飞机爬升到一千多米高的时候，忽然，飞机发动机吸进了一只小型的鹰隼，打坏了发动机的叶片，引起发动机爆炸起火。飞行员按动弹射电钮，人从座舱里弹出，降落伞开启，降落到地面，但是，飞行员却牺牲了。

专家们分析了这起机毁人亡的一等事故。

分析是从两方面开始的。一是鹰隼打坏发动机的系列因素；二是飞行员死亡系列因素。

鹰隼被吸进飞机发动机，是打坏发动机的原因，这是一种现象。为什么机场上空近期出现较多的鹰隼呢？原来是机场跑道周围出现了较多的小鸟和田鼠，吸引了鹰隼扑食。机场周围的小鸟和田鼠为什么增多了呢，原来是飞机跑道两侧的荒地种上了地瓜、花生、大豆等农作物。为什么原来的荒草地改种农作物了呢？原来是机场后勤部门的领导为了改善职工的生活。经过这样层层分析现象，找出了问题的实质：机场管理出现了漏洞，原本机场跑道两侧是不允许种植农作物的，后勤部门的领导擅自做主，违反了规定。于是他们毁掉了农作物，定期在跑道周围施放毒物，杀灭田鼠，并组建了机场驱鸟队，还向机场周边的居民区发出布告，禁止放风筝、少养鸽子等。这些措施大大减少了鸟类对飞机的危害。

飞行员按程序跳伞，原本一切正常，为什么会死亡呢？这一现象背后的原因是什么呢？

专家们发现，飞行员弹射出座舱后，其飞行头盔损坏了，飞行员的颅骨发生骨折。为什么颅骨会骨折呢？经过反复的分析实验，并没有发现飞机弹射系统有任何质量问题，飞行员按动弹射电钮后，座舱盖抛掉，飞行员连同座椅弹出，然后降落伞打开，平稳降落地面，应该是没有问题的。可是飞行员为什么会死亡呢？可以肯定的是，飞行员的死亡不是发生在地面，而是发生在弹射过程的某个环节。专家们仔仔细细地分析，并查阅国内外类似的事故，一个现象引起了专家们的注意：同样是这个型号的歼击机，欧洲国家的飞行员跳伞后极少发生飞行员颅骨骨折的事，为什么中国的飞行员跳伞后多次出现颅骨骨折的现象呢？

看来是中国人和欧洲人在身体的外在结构上存在着差异。经过分析对比，专家们发现，在同等身高的情况下，中国飞行员的上半身要比欧洲飞行员的上半身稍高，所以中国飞行员的头顶离飞机座舱盖更近，这样当飞行员从座舱里向上弹射时，其头盔瞬间撞击到即将抛弃但尚未完全抛弃的座舱盖，头盔猛地冲击了飞行员的颅骨，导致颅骨骨折。现象背后的原因终于找到了，飞机设计师从此在设计飞机时会考虑到人体方面的这种差异，使飞行员头部与座舱盖的距离保持合适的高度，或者使飞行员连同整个座舱（包括座舱盖）一起弹出，这样避免了类似事故的发生。

从这个事例我们可以看出，事物是复杂的，是相互联系的。我们看事物，要善于透过种种现象找到背后的原因，找出其根源，才能从根本上解决问题。

从结构思考力的角度看，这一分析过程，既是分析这个事件的结构过程——查找原因，也是重新构建结构的过程——寻找应对的措施。

三、站在未来看现在

毛泽东在其著名的哲学著作《实践论》中说："马克思主义的哲学认为十分重要的问题，不在于懂得了客观世界的规律性，因而能够解释世界，而在于拿了这种对于客观规律性的认识去能动地改造世界。"（见《毛泽东选集》合订一卷本第268页）我们要能动地改造世界，很重要的一点，就是站在未来看现在。

站在未来看现在有两方面的含义。一是说我们必须“站在未来”，即关注未来。因为未来是我们前进的方向，是我们奋斗的目标，是我们要完成的任务。未来决定着我们的命运，决定着我们现在的思路与战略决策。所谓“先人一步”，无非是比他人看得远些，决策对头，行动快些，因而有所成就。第二层含义是说我们必须“看现在”，即立足现实、迅速行动。在确定战略策略之后，我们必须以强烈的事业心和激情，以高度的执行力来实践战略思想，落实战略规划。如果没有现在实实在在的行动，再先进的思想及科学的决策都是空的。因为任何形式的思想观念、战略策略、方针政策，只有被人们付诸实践，才能转化为现实成果。用哲学语言来说，未来“合理”的东西，唯有通过人们的实践才能转变为“现实”的东西。

“站在未来看现在”既要“向前看”，又要立足现实，前者是解放思想，后者是脚踏实地。这对我们来说是极其重要的。

我们通过一个案例来认识这一理念的意义。

我国一位年轻人到东南亚某国的纺织厂打工。这个纺织厂的机器设备经过若干年的运转，逐渐老化，织出的次布增多（布匹的断头多、瑕疵多）。纺织厂对于次布的做法，通常是染成黑色，而黑色布料的价格低，是不赚钱的。纺织厂的老板苦于资金少，无力更新设备，准备将纺织厂卖掉。我国的这位打工仔得知此事，找到老板，请求老板将纺织厂按市价卖给他，由他经营。但是他现在没有钱，条件是在一年内还本付息，若一年内不能将资金连本带息还给老板，他将工厂交还老板，并无偿地为老板打十年工。老板见他诚心诚意，也有些纳闷：这小子凭什么能在一年内还我钱呢？即使还不了，工厂还是我的，我也不吃亏。于是就和这个打工仔签订了出售纺织厂的合同。

打工仔接管纺织厂之后，没有任何改变，照旧生产布匹，次布越来越多，他就依然将次布染成黑色，存放在库房里，同时大量低价收购其他纺织厂的次布，染成黑布存放。谁都不知道他搞什么名堂。

过去了大半年，小伙子依旧这样做，库房里的黑布越积越多。

又过了些日子，该国发生了件大事，全国人民敬重的国王的老母亲去世了，举国哀悼。按照该国的习俗，国王的母亲去世全国人民要戴黑纱、穿黑衣。于是，黑布一时供不应求，小伙子库存的黑布价格虽高，但一销而空。小伙子不仅还清了老板的钱，而且还更新了部分设备，真正成了纺织厂的新老板。

人们会问：这个小伙子凭什么预见到国王的老母亲在一年内会去世呢?

原来，该国过新年时，皇室的全体成员在电视里露面，向全国人民拜年。小伙子从电视上看到国王的老母亲已老态龙钟、气色不佳，心里判定：老人家年事已高，恐怕不久将会离世。因此，他大胆地做出了收购纺织厂，自己经营的决策。

站在未来看现在，打工仔立足现实、仔细分析、大胆决策，终于一举翻了身。

四、逻辑思维要验证

逻辑思维是透过结构看世界的一种重要表达方式。人们的思维要有逻辑性，表达也要有逻辑性。逻辑性的结构通常是：是什么→怎么样→为什么→怎么办？依次回答这些问题。采用的推理形式有演绎推理与归纳推理。

1. 演绎推理

演绎推理其思维方式是由“一般”到“特殊”，即由事物的共性作为大前提，具体事物作为小前提，然后推导出具体事物的性质。举例说：

鸟会飞（鸟的共性，大前提）

喜鹊是鸟（具体事物，小前提）

喜鹊会飞（具体事物的性质，结论）。

可以表示为：

大前提：M 是 P

小前提：S 是 M

结论：S 是 P

其推理规则可以用符号表示为：如果 $M \rightarrow P$，$S \rightarrow M$，则 $S \rightarrow P$。

从思维过程来看，任何三段论都必须具有大小前提和结论，缺少任何一部分就无法构成三段论演绎推理。但在具体的语言表述中，无论是说话还是写文章，常常把三段论中的某些部分省去不说。省去不说的部分或是大前提，或是小前提，或是结论。

（1）省略大前提

如：你是企业的管理人员，你应当学好管理理论。

省略了大前提“凡是企业的管理人员都应该学好管理理论”。恢复其完整形式是：凡是企业的管理人员都应该学好管理理论，你是企业的管理人员，你应当学好管理理论。

（2）省略小前提

如：企业都应该提高经济效益，国有企业也不例外。

省略了小前提“国有企业也是企业”。恢复其完整形式是：企业都应该提高经济效益，国有企业也是企业，所以国有企业应该提高经济效益。

（3）省略了结论

如：所有的人都免不了犯错误，你也是人嘛。

省略的结论是“你也免不了犯错误”。恢复其完整形式是：所有的人都免不了犯错误，你也是人，你也免不了犯错误。

2. 归纳推理

归纳推理是从观察、实验和调查所得的个别事实，概括出一般原理的一种思维方式和推理形式。其思维方式是由“特殊”到“一般”，即根据若干事物的特殊性，归纳概括出同类事物的共性。举例说：

喜鹊是鸟，喜鹊会飞

乌鸦是鸟，乌鸦会飞

……

凡是鸟，都会飞

归纳法的主要作用在于：一是科学试验的指导方法，为了寻找因果关系而利用归纳法安排可重复性的试验；二是整理经验材料的方法，从材料中找出普遍性或共性，从而总结出定律和公式。

归纳法的优点在于以观察、试验和调查为手段，判明因果联系，然后以因果规律作为逻辑推理的客观依据，所以结论一般是可靠的。

这两种推理方法是相互联系的，我们在实际运用时经常交替进行。其原因如下。

（1）演绎必须以归纳为基础。人们先运用归纳的方法，将个别事物概括出一般原理，才能从这一般原理出发演绎。演绎是以归纳所得出的结论为前提的，没有归纳就没有演绎。

（2）归纳必须以演绎为指导。人们在为归纳做准备而搜集经验材料时，必须以一定的理论原则为指导，才能按照确定的方向，有目的地进行搜集，否则会迷失方向。

（3）归纳和演绎相互渗透和转化。我们在思维过程中，归纳和演绎并不是绝对分离的，在同一思维过程中，既有归纳又有演绎，归纳与演绎相互联结、相互渗透、相互转化。

但是，无论是演绎推理还是归纳推理，都存在“或然”的问题——推出的某些结论不一定正确，因而不能成为检验认识正确与否的标准。例如：

鸟会飞，

企鹅是鸟，

企鹅会飞。

此结论显然是错误的。

再如：

中国的中小学生学习负担重，

中国的大学生学习负担重，

所有中国学生的学习负担都重。

这一结论囊括了所有的中国学生，但实际上也有学习轻松的学生。

因此，逻辑推理得出的结论，一定要考察其实践结果，看是否在实践中能够得到验证。因为实践才是检验人们认识正确与否的唯一标准。这就是说，我们即使是在各种正确理念指导下对事物做出了判断，提出了解决问题的措施，仍需要关注其实践的结果，在实践中修正我们的认识，这样才能提升我们认知事物的能力和解决问题的能力。把学习到的知识转变为解决问题的能力，才是真才实学。

第二节 掌握透过结构看世界的思维方法

重构的四个核心原则如图 5-4 所示。

图 5-4　掌握思维方法：重构的四个核心原则

在前文中，我们已经完成了三层次模型中关于理解层面的探讨。做到了隐性思维显性化。接下来进入第二个层次：重构。如何做到显性思维结构化。首先我们来看一个例子。

假如你是某公司的人力资源总监，一天早晨接到了你的下属小赵打来的电话，他是公司的劳动关系与安全主管，他在电话中跟你说了一项紧急情况，听到这样的情况，你该如何应对呢？

> 李总：您好！我是小赵，有件事情非常紧急，今早七点，我接到郑州交通管理局的电话，六点十分在郑州 203 国道上发生重大交通事故，我公司销售部的小马驾车与一辆大货车相撞，小马当场死亡，对方司机重伤，目前正在医院抢救，与小马同车的还有公司的销售员人员张三、李四和王五，三人都不同程度受伤，但无生命危险。目前事故责任还不能确定，我准备立刻前往郑州处理相关事务，希望跟您商量一下应对措施。

作为他的领导，在接到这样的电话时，在电话中就需要给下属进行工作任务的安排。那么应该如何在电话中进行回复呢？我们来看一下某一位人力资源总监是怎么回复的，他这样的回复，作为下属，能接得住吗？

小赵，立即向主管总裁汇报，然后联系相关医院确保伤病员的全力救治，再联系保险公司，协商理赔事宜。还有，联系伤亡员工家属，别忘了跟郑州交警部门确定事故责任，一定要全力维护公司利益。跟销售部门说，让他们确保货物安全，做好工作交接，处理好与供应商的关系，请他们理解。反正就是按照公司应急预案，立即成立事故处理小组处理上述事宜。对了，别忘了做好伤亡员工家属前往郑州的准备。

大家体会一下，这样一通电话打过去，作为他的下属，会完全不知道到底要做哪几件事情，先做什么后做什么。换句话说，可能已经完全晕掉了。我想跟大家一起探讨一下，到底通过什么样的表达，会让我们的回复或者是工作任务变得更加清晰明了，让对方容易记忆或者记得住呢？这里用 4 个问题的方式来讨论。

（1）第 1 个问题：在这样的一个表达中，既有一个总体的操作方式，换句话说有一个结论，还有很多详细的操作方法。我的第一个问题是：在这样的表述过程中，应该先说总的结论呢，还是具体的操作方法？没错，很多人会想到一定是先说结论。这从信息传递的效率角度来讲，效率会比较高。当然，大家会发现，这个是西方人典型的思考和表达的方式，跟中国人正好相反。中国人习惯先说理由，铺垫之后再说结果。比如说你的一个多年不见的大学同学，到你所在的城市出差，约你在咖啡厅见面。聊了半个小时，前 28 分钟都在和你回忆当年的大学生活，最后 2 分钟要走时说：“这次来呀，主要是想借点钱。你看是不是方便？”这个跟习惯和文化有关。但是从信息传递的角度来讲，大家会发现，信息接收者更愿意先听到一个总体的结论。先说结论会提高我们沟通的效率。

（2）第 2 个问题：在那么多具体的操作方式和方法中，能不能进行分类呢？有的人说，一定可以分。很明显，有很多种分类方式。比如按照时间的先后顺序，你可以先做什么后做什么来分，或者按照公司内部需要处理哪些事情，外部需要沟通哪些事情来分。答案是肯定的，可以进行分类。

（3）第 3 个问题：操作方式分完类以后，能不能进行概况呢？换句话说，每一类操作方式概括到一起，他想表达什么观点呢？大家发现，好像可以尝试性概括。

（4）第 4 个问题：操作方式分完类后，在你表述的过程中，有没有先后顺序？比如说，公司遇到这种突发性事情要先干吗？要先救人。换句话说，要按照重要性顺序排序。但我想表达的观点是：不一定要按照重要性顺序，但你在表达的过程中，如果符合一定的逻辑顺序，对于信息接收者来说更容易形成清晰的记忆。

我们来稍微回顾一下 4 个问题：第一个，先说结论后说具体的操作方式，效率会比较高。第二个，这些具体的操作方式是可以分类的。第三个，分完类以后还可以尝试着进行概括。第四个，这些要素在表达的时候，最好有一些逻辑顺序。

基于这样 4 个问题的讨论，我们来看一下参考答案是什么，仅供参考。

小赵，根据公司应急预案，组成事故处理小组处理事故。

第一，跟总裁汇报情况，并联系销售部做好善后处理；第二，与医院、家属、交警和保险公司等多方协调，维护员工和公司利益。

现在大家体会一下，前后的两种表达有什么差别？很明显第二次的表达观点明确，条理清晰，而且效率会非常高。对方也非常清晰明了地知道要做哪些事情。如果对于哪一方面想要进行详细了解，我们可以针对这个方面展开详细的介绍。

我们并不是人力资源总监，花这么长时间探讨这样的一个问题，意义何在呢？它的意义绝对不在于这一句话，在于他背后的结构，也就是跟大家探讨了很多次的金字塔结构。最上面的 G 叫做中心思想，A 和 B 叫做支撑中心思想的理由，其下一层叫做支撑理由的子理由。如图 5-5 所示。从上往下不断延伸，画出来跟金字塔一样。我们形象地称为“金字塔结构”。

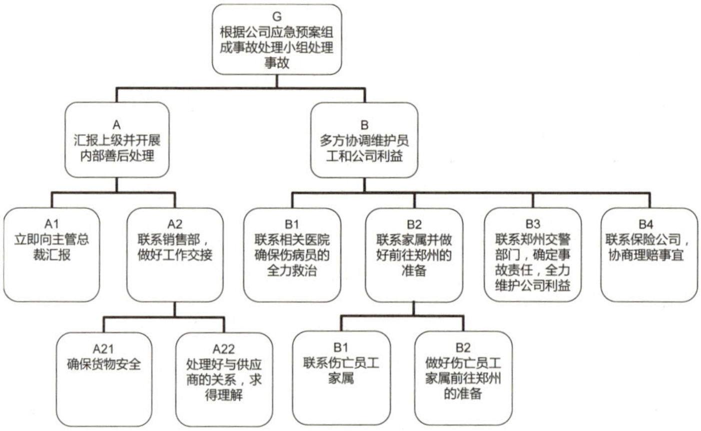

图 5-5　突发状况处理

当一个人习惯了这样的思考和表达方式以后，在任何情况下都可以在短时间内，把事情说清、说全。只是深入度的差别而已。

举例来说，如果领导只有一秒钟的时间，那么他说结论就可以了。如果他有 3 ~ 5 秒钟，可以说到第二层。如果他有 3 分钟，那么可以说到 3 分钟。开个会议详细讨论，可以讨论半小时，你会发现，每个分支都可以做几张 PPT 来讲解。所以无论给他多长时间，都能说清说全，只是存在深入度的差别。之前我们也探讨过一个问题：如果给你 30 秒，你说不清楚一件事，那么给你 30 分钟，给你半天，也未必能说清楚。因为要看你背后具不具备一个清晰的金字塔结构。

当然找到这个结构也不是我们今天要探讨的一个重点，我们探讨的是我们学完了怎么在工作中应用。基于这样的一个案例讨论，我们可以得出这一章节要跟大家分享的最核心的知识点：重构四核论、证、类、比。

“论”——结论先行，一次表达只支持一个思想，最好出现在开头。“证”——以上统下，任何一个层次的思想都必须是其下一个层次的概括。“类”——归类分组，每一组思想需要属于同一类范畴。比如说对内部的放在一组，对外部的放在一组。“比”——逻辑递进，任何一组思想，需要按照一定的逻辑顺序进行组织。比如，刚才在救人时可以按照重要性顺序。如图 5-6 所示。

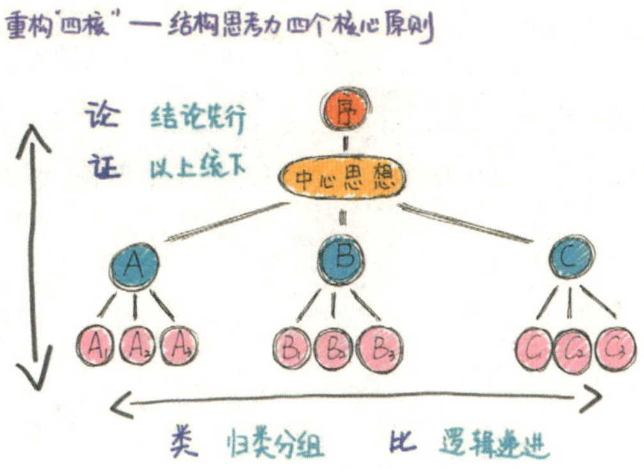

图 5-6　重构“四核”

学习重构四核最主要的作用是完成我们第二层次特别核心的任务：显性思维结构化。我们很多人天生就是结构化的，只是没有经过专门的训练，不知道这种思维方式就叫做结构化，是隐性的。当你要把它显性化的时候，有了这样的四个核心标准，你会发现，不但你可以做得很好，还可以把这种方式方法传承给别人。这就是在隐性思维显性化的基础上，把显性的思维结构化。

很多企业为什么会拿结构思考力作为一个全员必修的课程呢？因为它的意义不仅让一个人思考清晰、表达有力，而且在于通过这种管理沟通语言的统一，来提高整个组织的管理和沟通效率。

举一个小例子：结构化表达做得比较好的一个领域是什么呢？就是党和政府的工作报告。每一篇都非常的结构化。这里我问大家一个问题：大家觉得写报告的人学没学过结构化？答案是不一定。但是写的内容一定是符合结构化的。结构化不仅是西方的舶来品，还是真正从实践中来到实践中去的。小学老师教写作文的时候有以下几种结构：总分、分总、总分总。你会发现总分和总分总说的就是金字塔结构。这就是从实践中来的一种方式。越正式的场合，为了提高效率，我们越要符合“论、证、类、比”四个原则。当然你可能会问：那以后跟自己媳妇说话需要结论先行吗？你说的这件事，我有以下 3 点看法：“第一……第二……第三……” 需不需要呢？取决于你的习惯。符合这个原则，从信息的传递角度来讲，效率一定是最高的。但是从情感沟通的角度来讲，可能未必合适。

下面我们对这四个特点做简要说明，具体运用将在其他章节中进行详细论述。

一、论，结论先行

“以名举实，以辞抒意，以说出故”，《墨子 · 小取篇》作为墨家名辩之学的精华所在，对基于清晰思考的表达做了明确的论述，各种事物称为“实”，“实”的称谓便是“名”，比如这是一匹马，“这”就是实，“一匹马”就是名，名与实一起成为“辞”，有了辞才能达意，才叫结论。如图 5-7 所示。

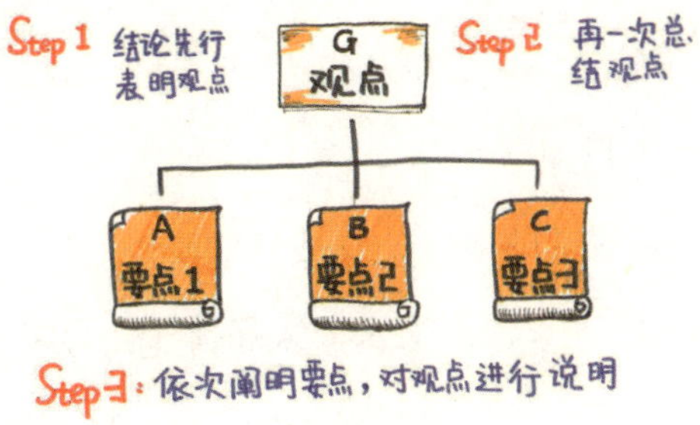

图 5-7　论，结论先行

要想表达清晰，就必须有结论。无论传达什么信息，都是为了让对方知道结论是什么。如前面提到的机毁人亡的事故，假如你是机场负责人，当你向上级领导汇报时，你首先说结论："今天发生了一起一等事故。"上级领导一听就明白了事故的严重性。然后，他需要听你讲述发生事故的原因，下一步需要做的工作，准备采取的措施等。若下级先讲发生事故的现象、处理情况等，上级领导会不耐烦甚至勃然大怒。

结论先行不仅仅是先说结论这么简单，重点是要有结论。有一次一家企业的培训负责人很晚打电话给我，希望我帮她修改明天上午的述职报告，第二天述职结束后打电话给我反馈了结果。说改之前的报告有同事看过，改完以后的述职报告会那同事也在场。改之前她同事的评价是，看完这个报告能感觉出来她是一个踏踏实实完成工作任务的职业经理人，而改完后的报告体现出，他就是一个有思想的高级职业经理人。到底什么样的变化会有这样的评价呢？其实很简单，就是两个结论的得出。改之前报告分为两部分 2014 培训工作总结和 2015 培训工作规划。两个都不是结论，改完之后的是 2014 年打造具有生命力的培训项目，2015 年打造为业务提供支持的培训体系。述职完以后，人们可以很容易地记住她的两个观点，而且每个部分下面都有相应的结论作为支撑。这就是有结论和没结论的差别。

二、证，以上统下

经常有企业的学员跟我抱怨："我的领导非常不善于倾听，很容易就不耐烦了。经常在我说话的时候，挑战我的观点！"然而，他的领导给我的信息却是："每次听这家伙汇报工作太痛苦了，总是拍脑袋说各种想法，一追问理由就哑口无言，真是浪费时间！"听出来差别了吗？就是有结论没依据，没有做到以上统下。如图 5-8 所示。

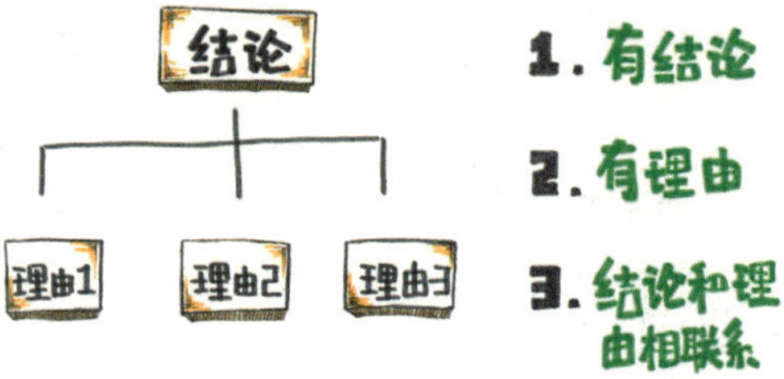

图 5-8　证，以上统下

前文中的"以名举实，以辞抒意，以说出故"的最后一句，说的就是表达的时候只有辞还不够，还必须还要说明这个结论的理由，称为"故"，有了理由的结论才能成立，可以理解为以上统下。

简单地说，"理由"是我们对结论"为什么"的回答。例如：当你出门上班的时候，你的家人对你说：

（结论）"请你带把伞。"

为什么？

（理由）"因为天气预报说今天有大雨。"

论文的总题目，各层次的小标题，对问题所做的总结，解决问题所采取的各项措施等，只要有支撑它的理由都可以称为"结论"。当然，随着问题结构的展开，结论也可以成为理由。如飞机发动机爆炸起火是飞机坠毁的原因，又是吸进飞鸟的结论。飞机坠毁了（结论），因为发动机爆炸起火（理由）；发动机爆炸起火（结论），因为发动机吸进了飞鸟（理由）。

以上统下有 3 个方面非常重要：

（1）有结论。

（2）有理由。

（3）结论和理由相联系。

如果理由和结论没有联系，会让人不知所云，所以结论必须由相应的理由支撑，才有说服力。

结论与理由通常用“因为”、“所以”等因果链接词连接。

（1）若先说结论，应该用“因为”连接，然后说理由。如：

（结论）“企业需要建立信息系统。”

（理由）“因为现在已经进入信息时代，企业离不开互联网了。”

（2）若先说理由，则用“所以”连接，然后说结论。如：

（理由）“因为现在已经进入信息时代，企业离不开互联网了。”

（结论）“所以企业需要建立信息系统。”

组织简单的对话或问题时，我们可以把理由放在前面。当问题比较复杂，理由比较多的情况下，还是先讲结论，再讲若干条理由，显得更有条理，论据更充分，也能避免听者的猜测，如图 5-9 所示。

图 5-9 以上统下示意图

根据事物的结构可分层次的原理，我们在认识事物或论证事物时，需要层层分析，纵向推进，使问题深入下去，最终揭示事物上下之间、相互之间的联系。这种思维方式就是以上统下。

从结构思考的角度看，就是从结论开始，随着观点或结论的步步深入，用事实和依据层层做支撑，即用结论统帅事实和依据，最后得出总结论，然后用简洁明了的语言表达出来。

比如讲述我国国民经济的调整。我国国民经济调整是个总体结论，支撑它的理由从三个方面论证：第一产业农业的调整；第二产业建筑业与工业的调整；第三产业（各类服务业）的调整。这是问题的第一层。

第二层分别对农业、建筑业、工业、第三产业各行业调整政策进行展开论证。

农业调整政策主要包括：

（1）确保全国耕地不少于 18 亿亩。

（2）稳步推进土地经营权流转。

（3）稳定农产品收购价格。

（4）加大农业重大科研项目的资金投入，等等。

建筑业调整的政策主要包括：

（1）进一步推进城镇化建设。

（2）加强房地产用地管理。

（3）加强房地产市场化的改革，适时推行房地产登记制度，等等。

依次类推，分别分析工业、第三产业各行业的主要调整政策。

第三层次还可以展开。如仅对农业农业调整政策的第一条，就可以从我国现有耕地数量减少速度快、土地污染较重、粮食产量增长潜力减少等方面，论证阐述确保 18 亿亩耕地的重要性及相应的措施。

这样层层分析、步步深入，各层次都有理由和事实依据，那么结论就有说服力，表达起来也非常清楚。

其结构图如图 5-10 所示。

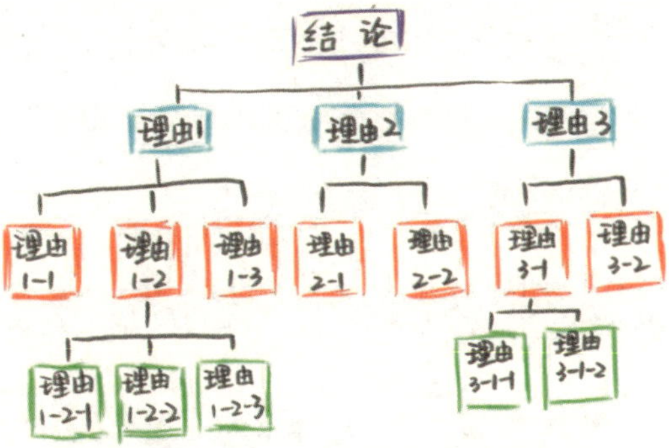

图 5-10 国民经济调整示意图

三、类，归类分组

事物都有其特殊性，因而相互区别，但事物的特殊性之中又存在着普遍性，即个性之中有共性。如苹果、香蕉、梨子等，它们各不相同，但它们的共性是“水果”。按照这一原理，我们就可以把具有共性的事物划分为一类从而化繁为简。

比如，我们出门旅游时需要带各种物品。如果把需要的东西划分为服装类、药品类、证件类、电子产品类、食品类、钱财类等，依自己的生活习惯，在临行前将具体的物件写在纸上。比如，服装类：衬衣 2 件，西服、夹克各 1 套，内裤 2 件，袜子 2 双，旅游鞋 1 双，布鞋 1 双等，一一备齐，装在旅行箱中，到时候拿起行李箱就走，是不会落下东西的，更不会忙乱。

我们把同类事物分组归类，不仅化繁为简，而且便于找出其共同点，使结论有较充足的理由支撑，采取的解决措施更有针对性，在表达的时候也更清晰。比如，某人在会上说“我的观点是……理由有三：一是……二是……三是……”然后再依次将各点展开，说明理由、事实及依据，最后用一两句话将开始的结论再次概括或强调。那么听者的感觉是：观点鲜明，论证可信，合乎逻辑，言简意赅，可谓“滴水不漏”。

分组归类不漏项，可采取 MECE 法，即“相互独立，完全穷尽”。如图 5-11 所示。即对于一个重大的议题，能够做到不重叠、不遗漏的分类，而且能够借此有效地把握住问题的核心，并有解决问题的方法。

图 5-11　类，归类分组

“相互独立”意味着问题的细分是在同一维度上，且有明确区分、不可重叠；“完全穷尽”则意味着全面、周密。我们在思考和表达问题时，应符合 MECE 原则。当然，完全穷尽是个理想状态。结构分析要求我们尽量把问题思考周到。

下面以运货为例说明 MECE 法则的运用。

假如你开一辆车从北京出发到西安运送一个大型设备，途中有一条隧道，限高 2.50 米，但货物装好后，车辆的总高达 2.70 米。这个问题如何解决？

解决的方法可能比较多，但运用 MECE 原则会使思路清晰。目标是把货物运到，途径有二：一是不过隧道；二是过隧道。不过隧道要么绕道，要么换交通工具。过隧道，可分别从车、货物、隧道三方面想办法。车方面可换底盘低的车，或到隧道时将轮胎放气；货物方面可将货物分解装载，到目的地后再重新安装，或调整货物的位置，使其不超高；隧道方面，要么把隧道拓高一点，要么开车冲过去。这样就把所有可能的事项都考虑进去了，没有漏项。

其结构如图 5-12 所示。

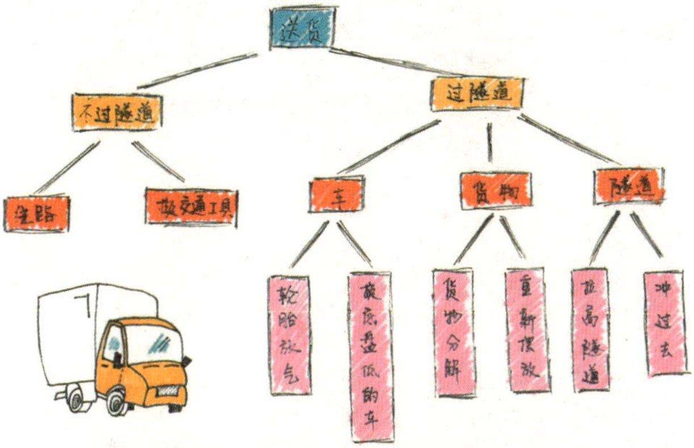

图 5-12　运用 MECE 原则的思维结构

四、比，逻辑递进

小和尚问师父："师父，我念经的时候可以抽烟吗？"

师父："绝对不可以。"

另一个小和尚问："师父，我抽烟的时候可以念经吗？"

师父："当然可以了！"

这是网上流传的一个段子，同样一件事情的先后顺序不同会有不同的结果，所以在我们重构的过程中，组织一个金字塔的横向结构时，需要符合一定的逻辑顺序。

在运用逻辑递进推理或表达的时候，要进行对比，根据不同事物的特性，按以下三种情况确定逻辑递进方式。如图 5-13 所示。

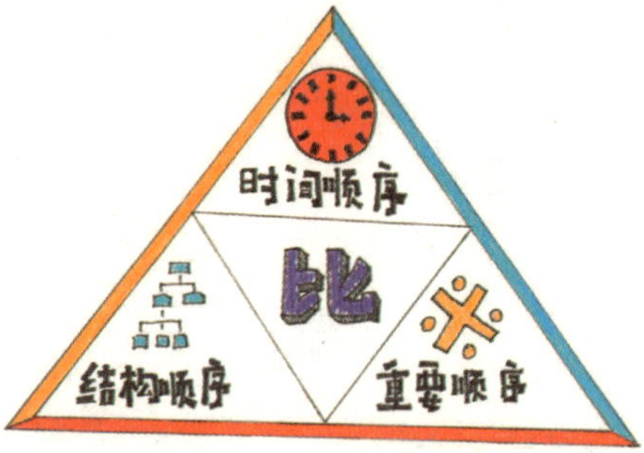

图 5-13　比，逻辑递进

1. 时间顺序

即按照时间的延续递进。研究社会发展史、事物成长及发展的进程等，通常按时间顺序递进。例如，研究中国共产党党史，就需要依据时间顺序，从 1919 年“五四运动”开始，依次研究第一次国内革命战争时期、土地革命战争时期、抗日战争时期、解放战争时期、新中国成立后的过渡时期、社会主义建设探索时期、“文革”动乱时期、改革开放新时期以来各个阶段的重大历史事件，从中找出中国近代百年来社会发展变革的进程、规律与基本经验等。

事物的流程也是一种时间顺序，即按事物的先后递进顺序。生产流程、工作流程、会议流程等，通常按流程递进。例如，我国某歼击机制造公司，要编写某型号歼击机的研制史。开始时一些编辑人员对这一复杂繁重的工程感到无从下手，不知如何写。此时，一位老同志站起来说：“歼击机研制的流程有三大块，一是设计，二是试制，三是使用。设计流程包括方案论证、总体设计、结构系统设计，可写三章；试制流程包括生产技术准备、试制试飞、结构系统试制、改型生产等，可写四章；使用流程包括飞机交付部队后工厂的外场服务等工作、部队使用的情况等，可写两章。每章再按各个环节的流程顺序编写。”简单的几句话就把整个编写的思路厘清了，大家随之豁然开朗。

比如我们大都有装修房子的经验，第一步是思考与设计；第二步是重新布设电线插座、水管、暖气等；第三步是镶瓷砖等瓦工活；第四步是房顶、房间的装饰；第五步是铺设地板；第六步是购置、摆放家具等。这些步骤是不能颠倒的，否则就是自找麻烦。

2. 结构顺序

有的结构顺序是从外到里，如表述停放在机场上的一架大型客机，展现在人们眼前的是它的外形：流线型的机身，左右对称的宽大机翼，机翼下安装着两台大型发动机，尾部是垂直尾翼及水平尾翼，机身下有三组起落架。进入机舱，机身前部是驾驶舱，其后是乘客舱，有三排座椅，能够容纳 200 多名乘客；尾部是服务舱。

有的结构顺序是按方位，如表述一座大学校园；有的是从上到下，或从下到上，如表述多层博物馆里的展品。

3. 重要顺序

第三种逻辑递进的顺序是重要性，是按照事物的重要程度进行排序。

总之，我们遵循透过结构看世界的正确理念，把握住先总后分的基本原则及其基本特点，按照重构的理念与方法，就能够科学地认知事物的本质，指导我们解决问题。

扫一扫，跟李忠秋一起透过结构看世界！

回复“PPT05”：获取第五章电子版手绘 PPT

回复“weike04”：获取“显性思维结构化”视频微课

回复“zuoye02”获取第五章工具及互动练习入口

第六章

呈现——结构思维形象化

为了使信息更直观地传递给对方，我们往往需要将已经结构化的内容，用更形象化的方式进行呈现，也就是我们常说的图示化表达。

今年年初，为了在公司年会上跟大家阐述和讨论新一年的战略和业务规划，我运用了图示化的方式，也体会到了形象化表达的魅力。原本每次都纷繁复杂的工作内容，通过一张图表达得非常简练。如图 6-1 所示。

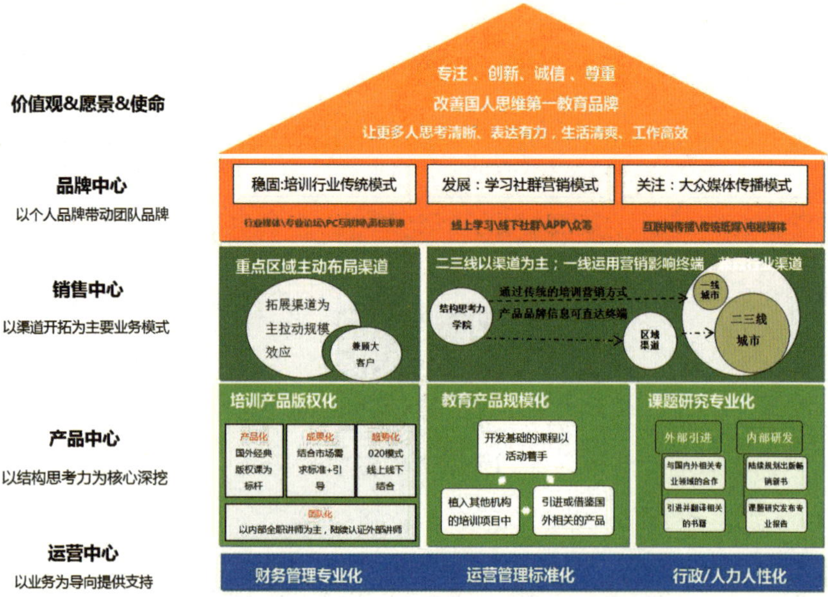

图 6-1　结构思考力学院规划结构

经过讨论画出这张图以后，我和小伙伴们也都有点吃惊，结构思考力学院作为一个初创团队，从财务管理、运营管理、行政人力，到产品开发、渠道管理，再到品牌营销等，麻雀虽小五脏俱全，所以团队中的小伙伴们很多都是身兼数职。有了这样一张图以后，突然变得明朗很多，掌控感也增强了，比如我每个阶段做的任何一项工作都可以很清晰地知道，这项工作是哪一部分的什么内容。

当然，每当我在课上和学员分享这个案例时，很多人都会有个小小的担心，说："李老师这个图真的很不错，不过你用一张图画出了你所有的工作内容，会不会影响到你的工作创新啊，因为一张图就是一个结构，结构就是'框'，把工作内容框住，很容易禁锢人的思维和想法。"很多人学习完结构思考力以后，也会担心结构就是一个"框"，会禁锢人的想法和创新。这里需要澄清，结构思考力和创新之间没有必然联系，有可能还有促进作用。因为结构思考力不是给大家一个"框"，框住大家的想法，而是给你提供了一个视角，来动态地审视身边的事物。比如去年我们画的图与今年内容不一样，但什么是一样的呢？没错，就是不管怎么变，它都是结构化的。所以这里的结构与八股文不一样，与公文写作中的模板不一样。后者是一个固定的结构，而结构思考力是一种新视角，可以动态地看待事物，所以我们倡导的理念是"透过结构看世界"。

当我们已经拥有了一个重构以后的金字塔结构图，如何把它以清晰、全面且形象的图示的方式呈现出来，从而有效地运用于思考、表达和解决问题？本章分享的工具是"结构罗盘"（见图6-2），使用的方法分为3个步骤：配关系、得图示、上包装。

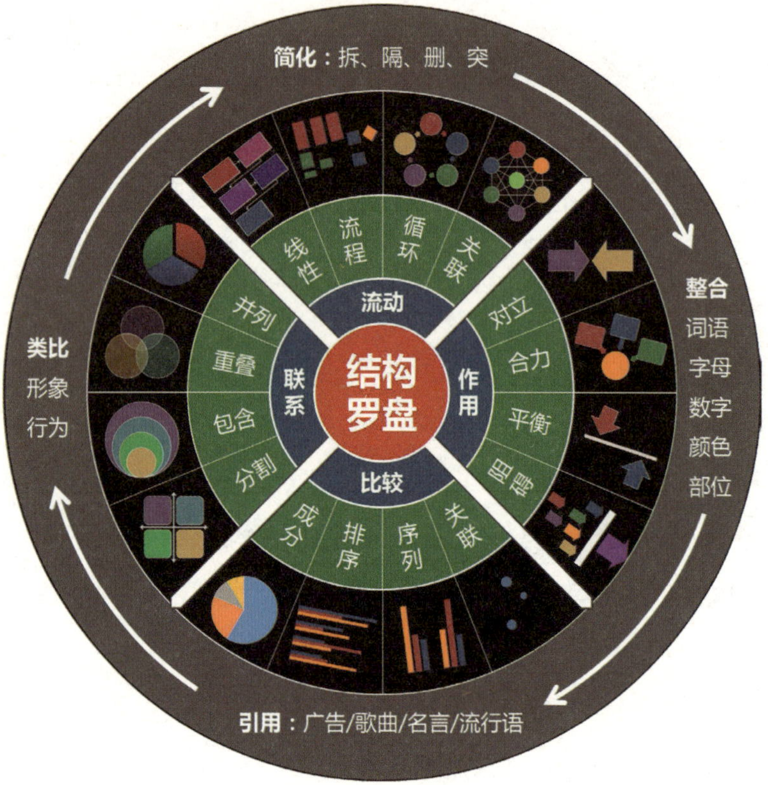

图 6-2　结构罗盘

（1）“配”关系，我们将金字塔结构各分支中要素之间的关系，归纳整理出 4 种模式 16 种关系，大家可以根据金字塔结构中的内容，寻找并匹配适合的关系。

（2）“得”图示，这步很简单，只要明确了内容的关系，就可以在图示库（详见附录工具）中得出相对应的图示用于呈现。

（3）“上”包装，主要是通过引用、整合、类比和简化等方式，将我们想表达的要点变得更加明了，便于记忆。比如大家常说的出门 4 件事“伸手要钱”，就是对“身份证、手机、钥匙、钱包”进行卖点包装的结果。如图 6-3 所示。

图 6-3　呈现结构思维形象化

第一节　配关系：明确要素之间的关系

中西餐在结构化和标准化上存在一些差异，西餐烹饪的方法比较简单，便于发展连锁。相对而言，东方料理的制作过程复杂，尤其是中餐中的“炒”，非常难以做到标准化。而中国台湾一家餐饮连锁企业很早就意识到了这个问题，从开第一家店时就以标准化作为目标，致力于让自己 30 多家店的 300 多位厨师都能炒出相同规格和品质的菜。他们通过采购、规格、流程、配方、味道 5 个方面，以量化的数字作为指标进行标准化。比如一个新菜的标准化开发，往往从食材的选择、切割等开始，拆解到 30 个步骤以上。想要清晰地将这种隐性经验显性化、结构化并传承下去，最好的工具莫过于流程图等形象化的方式。如图 6-4 所示。

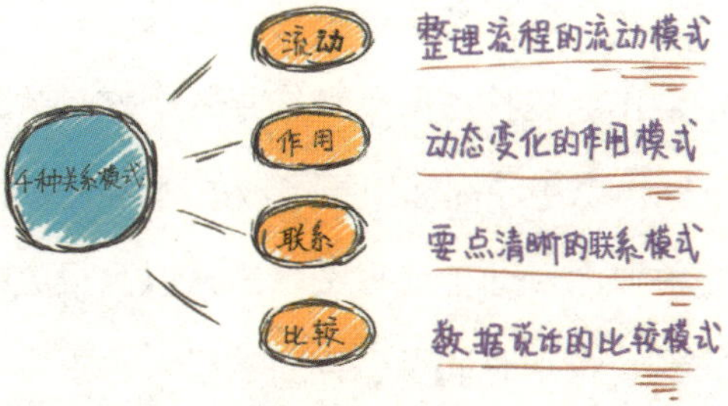

图 6-4　配关系

一、整理流程的流动模式

流程管理可以说是所有企业为了提高工作效率而必不可少的一个环节，而且在生活中的应用也是无处不在的。比如在做饭、搬家、装修房子、打扫卫生……时，运用流动模式的图示进行呈现，不但信息变得清晰明了，往往对于分析问题的原因也非常有帮助。流动性的图示可以理解为是为了达成某个目标，而将设计的一套步骤和方法用含有文字的几何形外框，加上代表事物发展方向的箭头所组成的图示。

我们将流动模式的图示（见图 6-5），归纳为四个类别。

图 6-5 流动模式

（1）第一类是线性图，首先是最简单的线性流程关系，往往用单线式的流程图就可以解决。

（2）第二类是流程图，子流程之间有先后或包含关系的较复杂的流程图，也是我们日常见到的最多的流程图。

（3）第三类是循环图，某件事的发生，往往有它的原因，而原因的背后可能还有其他的理由。这种由原因和结果的一连串的连锁反应连起来的事情非常复杂，往往可以用原因和结果组成的循环图来表示清楚。

（4）第四类是关联图，这种流程图将想法以因果关系和相关性作为标准，用箭头表明关系，特别有助于引发新的思考，更容易让表达的内容一目了然。

1. 前后顺序的线性关系

流动模式的线性图，在日常工作中是最常见的，如图 6-6 所示。如图 6-7 所示，是在表达问题时常用的一个线性关系。

图 6-6　线性关系

图 6-7　线性关系案例

2. 整理流程的流程关系

如图 6-8 所示。除了应用于工作领域，生活中流程图的应用也是无处不在的，比如如果要准备一顿晚餐，通过重构的方式已经得出了一个树状图。但树状图并不能呈现出具体流程环节的先后顺序和关系，如图 6-9 所示。

图 6-8　流程关系

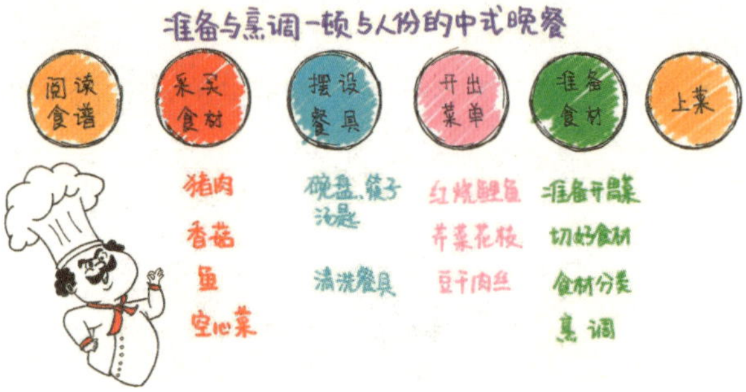

图 6-9　流程关系案例 1

流程图最大的好处是，拥有明确的起点、终点以及先后顺序的呈现，将上面的树状图用流程图的方式进行呈现，如图 6-10 所示。

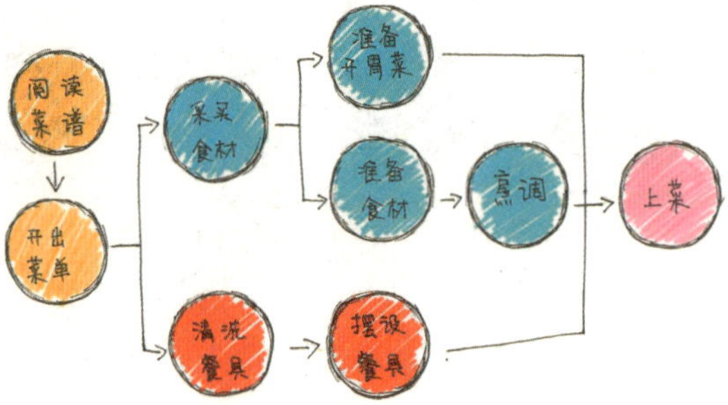

图 6-10　流程关系案例 2

有了这张流程图以后，你就可以轻松地掌控整个过程了。另外，流程图时需要注意：一般会按照“由左到右、由上到下”的顺序画，因为随意地画常常会造成信息接收者思维的混乱，不利于信息的传递和公式的达成。

3. 复杂因果的循环关系

如图 6-11 所示。某互联网公司的产品负责人和项目经理们开会讨论，应该如何削减研发和运营的成本。有观点认为，如果继续削减成本将会严重影响产品的体验，就会影响产品的流量，广告商也会选择减少投入，从而导致要削减更多的成本。而且削减成本也会对员工的情绪造成很大的影响，如果他们的积极性下降，就会选择离开公司，公司的情况将会更糟糕。

图 6-11 循环关系

像上面这样的讨论，完全进入一个死循环，而且这种状况在工作中貌似经常发生，如果这样无穷无尽地讨论下去，只会变成怨天尤人的吐槽，并不能解决实际的问题。

如果我们以结构化的方式，对上述内容进行重构，会得到如图 6-12 所示的一张树状图。

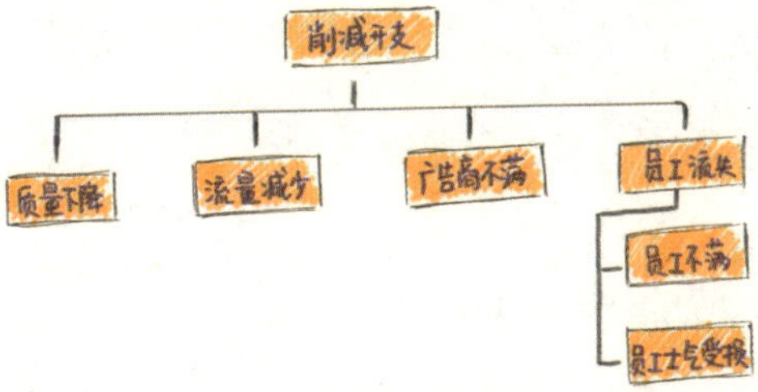

图 6-12 循环关系案例 1

然而这样的金字塔结构图，虽然可以把各个要素分清楚，但在呈现环节，不能更好地体现出各要素互相之间的关系和影响，这时候循环关系图就派上用场了。具体呈现出如图 6-13 所示。

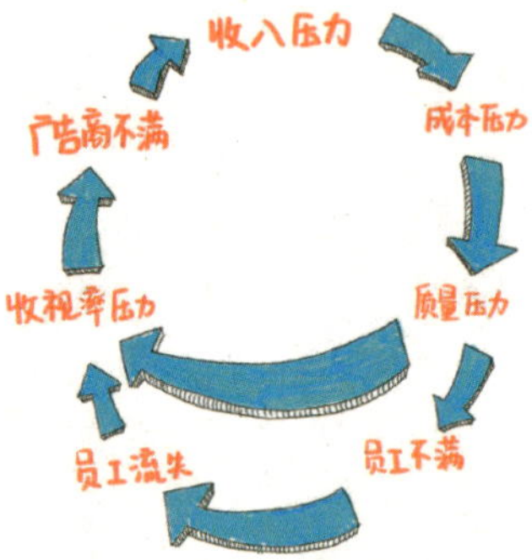

图 6-13　循环关系案例 2

这种图被称为系统循环图，是在结构的基础上厘清个人思考的有力方法，因为它能够让我们深入探究各种复杂的因果关系链的来龙去脉，同时作为一种形象化手段，能够更好地向别人展示你对这个复杂问题的思考和理解。

4．抓住本质的关联关系

如图 6-14 所示。关联图就是把现象与问题有关系的各种因素串联起来的图形。通过关联图可以找出与此问题有关系的一切要素，从而进一步抓住重点问题，并寻求解决对策。关联图是用来分析事物之间“原因与结果”、“目的与手段”等复杂关系的一种图表，它能够帮助人们从事物之间的逻辑关系中寻找出解决问题的办法。

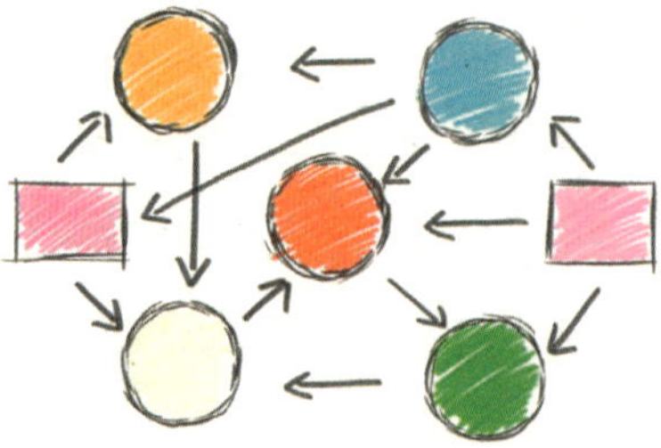

图 6-14　关联关系

事物之间存在着大量的因果关系，在这种情况下，厘清因素之间的因果关系；从全盘加以考虑，就容易找出解决问题的办法。关联图由圆圈（或方框）和箭头组成，其中圆圈中的文字说明部分经由箭头由原因指向结果，由手段指向目的。文字说明力求简短、内容确切且易于理解，重点项目及要解决的问题要用双线圆圈或双线方框表示。如图 6-15 所示。

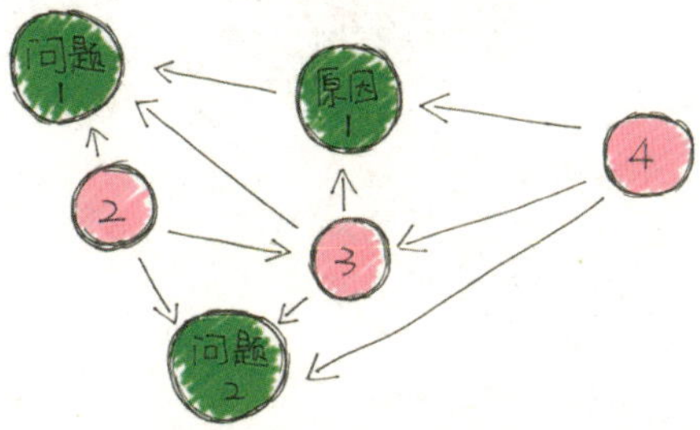

图 6-15　关联关系案例

关联图法适用于多因素交织在一起的复杂问题的分析和整理。它将众多的影响因素以一种较简单的图形来表示，易于抓住主要矛盾、找到核心问题，也有益于集思广益，迅速解决问题。

二、动态变化的作用模式

如图 6-16 所示。

图 6-16　作用模式

1. 展示冲突的对立关系

对立关系指两个或两个以上相互对立的，需要同时存在而又处于矛盾中的要素的冲突和对抗过程。如图 6-17 所示。

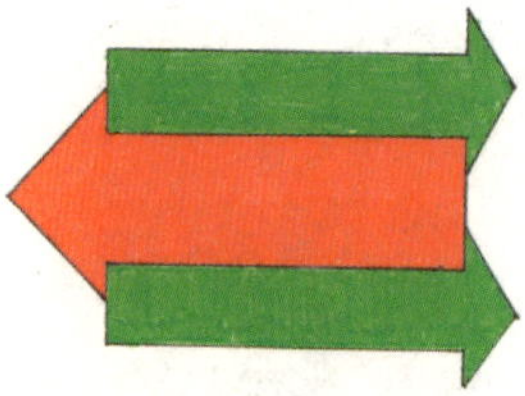

图 6-17　对立关系

这种对立关系的呈现，在日常生活和工作中也经常出现。比如你正在面临的重要的抉择，是否该跳槽换新的工作、是否该搬到一个新的城市发展等，长期地处于两难情境中，会给我们造成很大压力。这时该怎么解决呢？这种对抗在心理学中也被称为冲突，德国心理学家 K · 勒温认为基本的冲突有双趋冲突、趋避冲突、双避冲突三种。

（1）双趋式冲突：是面临两种同样强烈的愿望而只能选择某一种时的动机冲突。比如，你同时收到两项具有同等吸引力的工作邀请，对其中一项的选择，意味着对另一项的拒绝，于是处于一种犹豫不决的冲突状态。人们常说的“鱼和熊掌不可兼得”，反映的即是双趋式冲突。

（2）趋避冲突：对含有吸引与排斥两种力量的同一目标予以选择时，所发生的心理冲突。例如，吸毒上瘾的人，可能受到强烈吸引而趋向接受某种治疗，但又害怕经历戒除过程后回到一种寂寞无聊的生活，因而会产生心理冲突。

（3）双避冲突：一个人要在两个有害无益的目标之间进行选择时所产生的心理冲突。这一处境可用一个敌伪士兵的情况来说明，他深感战斗之疲劳、危险及战争的非正义性，总想从战场脱逃，但又怕被抓回来处以极刑，这种心理矛盾就是双避冲突。

当我们遇到类似的情况时，就可以用对立关系图示来厘清自己的思路。

同时，在工作的呈现中，还会经常需要展示同一件事情的相反方面，比如你提议开发一个新产品，在分析时从推进力和抑制力两个方面进行考虑。画出的图如图 6-18 所示。

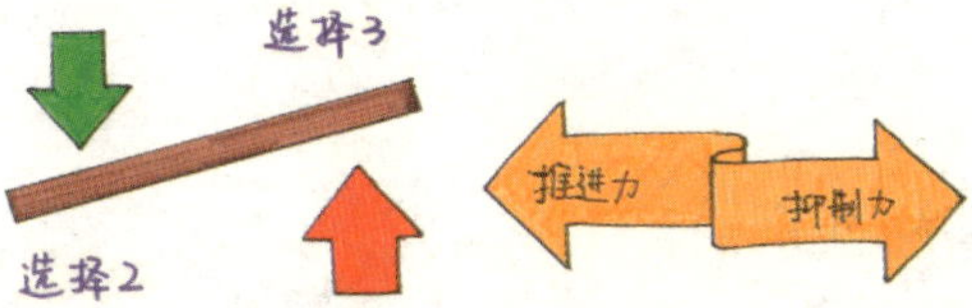

图 6-18　对立关系案例

当然，结构形象化的呈现本身并不会给你答案，只是能让你把问题看得更清晰全面，且容易传递给他人。

2. 同心协力的合力关系

合力关系体现的是朝着同一个目标或结果而努力的各要素之间的关系。如图 6-19 所示。

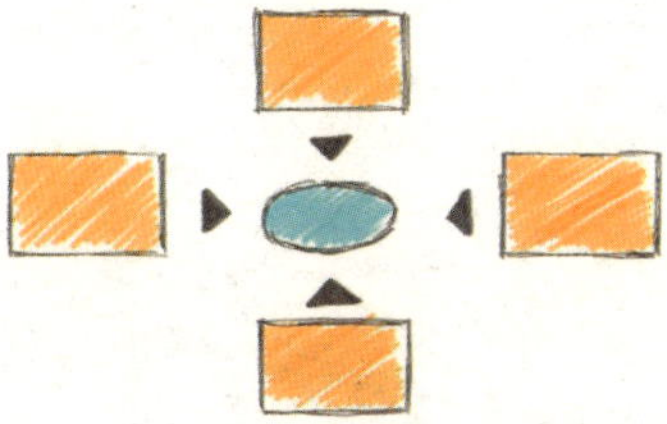

图 6-19　合力关系

合力关系中比较典型的例子是波特五力模型，该模型是迈克尔 · 波特（Michael Porter）于 20 世纪 80 年代初提出的。它认为行业中存在着决定竞争规模和程度的五种力量，这五种力量综合起来影响着产业的吸引力。

五种力量分别为进入壁垒、替代品威胁、买方议价能力、卖方议价能力以及现存竞争者之间的竞争。波特五力模型用于竞争战略的分析，可以有效地分析客户的竞争环境。

同时，我们在重构的金字塔结构中，如果各要素之间匹配的是合力关系，就可以选择运用类似的图示进行展示，如图 6-20 所示。

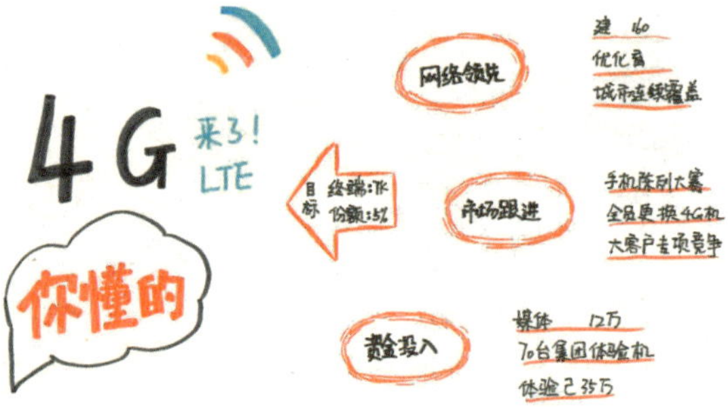

图 6-20　合力关系案例

3．观点比较的平衡关系

同时，在工作的呈现中还会经常需要对两个观点进行比较。比如在针对某个议题进行讨论时，需要对赞成意见和反对意见进行归纳整理，使决策更容易进行，这时也可以运用对立关系图来理清和呈现出大家的思路。如图 6-21 所示。

图 6-21　平衡关系

在分析一个技术使用的优劣势时，也可以选择用平衡关系来进行展示，如图 6-22 所示。

图 6-22　平衡关系案例

4. 冲破封锁的阻碍关系

阻碍关系更多的是一种示意图（见图 6-23），比如某项工作内容，需要经过重重障碍才能达成有效结果，如图 6-24 所示。

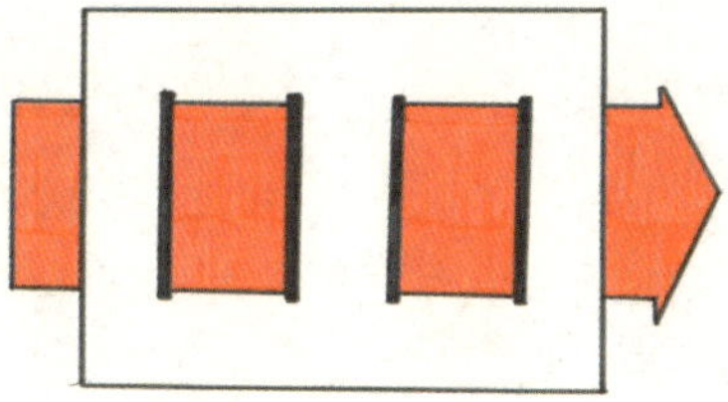

图 6-23　阻碍关系

图 6-24　阻碍关系案例

三、要点清晰的联系模式

关系模式是利用要素之间的关系来表示负责问题的（见图 6-25）。尤其前三个并列、重叠和包含关系，是逐步递进的。互相不交叉代表“并列关系”，互相交叉代表“重叠关系”，大的要素含有小的要素是“包含关系”。如图 6-26 所示。

图 6-25　要点清晰的联系模式

图 6-26　联系模式的关系

1. 要点清晰的并列关系

并列关系是所有关系中最简单和直接地与金字塔结构对应的关系（见图 6-27）。当各个要素之间符合 MECE 原则之后，多数的关系可以用并列关系来表示。比如我们经常提及的产品、价格、促销、渠道四个方面，就是一种并列关系。再比如你考虑业务内容时，从目标、商品概念和定位三个方面出发，体现的也是一种并列关系。如图 6-28 所示。

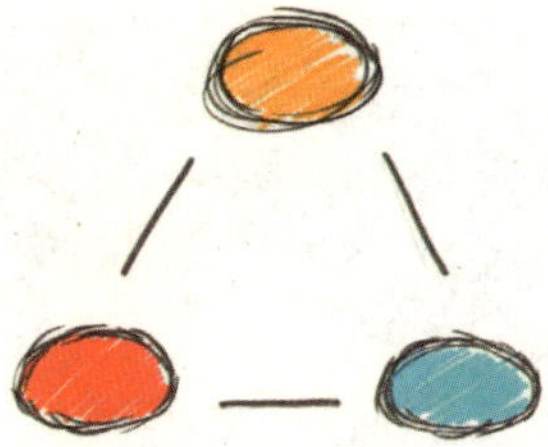

图 6-27　并列关系

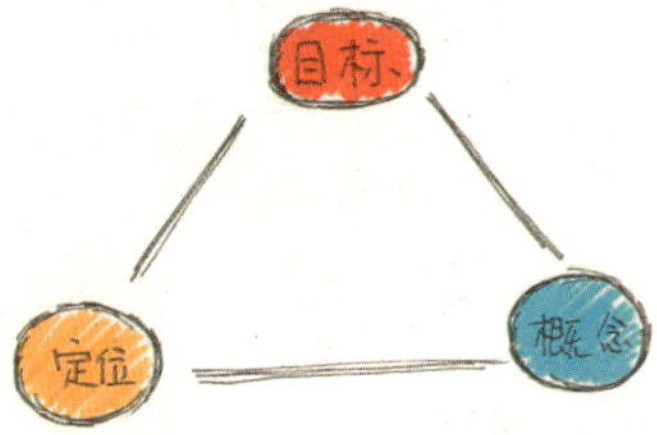

图 6-28　并列关系案例

由于在重构环节中，我们对金字塔结构每个分支中的要素进行了清晰的分类，在用并列关系的图示进行呈现时，可以让观点和要素变得更加清晰明了、容易记忆。

2. 激发创意的重叠关系

如图 6-29 所示。比如在讨论“提高新产品市场份额的重要手段”时，运用金字塔结构图分为了想做、能做和必须做三个方面，然而你会发现很多事情未必可以完全独立属于哪部分。比如有的事情既属于想做又属于能做，而有的事情既属于必须做又是想做和能做的。像这种情况，要想把要素和内容单纯地分清楚，其实非常难。这个时候，我们可以选择换一种分类方式，让要素之间变得 MECE。然而，如果非常想从这三个方面考虑问题，也可以通过重叠关系图把它们分清，把不同类别的事情放到一个圆里，有重叠的事情放到重叠的部分代表互相之间的关系。如图 6-30 所示，实际上是增加了不同的分类出来。

图 6-29　重叠关系

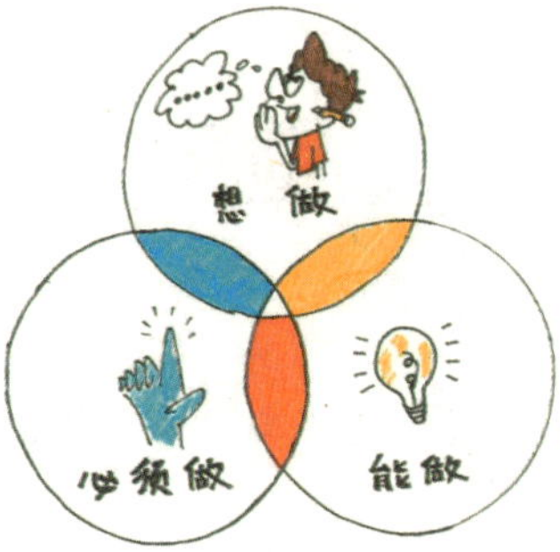

图 6-30　重叠关系案例

重叠关系不仅可以用于整理思路，还可以激发我们新的思路。比如刚才的例子中之前只是简单地从三个方面的视角看待问题，画完以后发现很多意想不到的重叠部分，说不定就可以产生出意想不到的创意。

3. 厘清从属的包含关系

包含关系不仅体现的是金字塔结构中的横向结构，还可以把一部分的纵向结构用更形象化的方式呈现出来（见图 6-31）。包含也是数学里的概念，是集合与集合之间的关系，也叫子集关系。如图 6-32 所示，原核生物包含细菌，细菌又包含乳酸菌、消化细菌，等等。

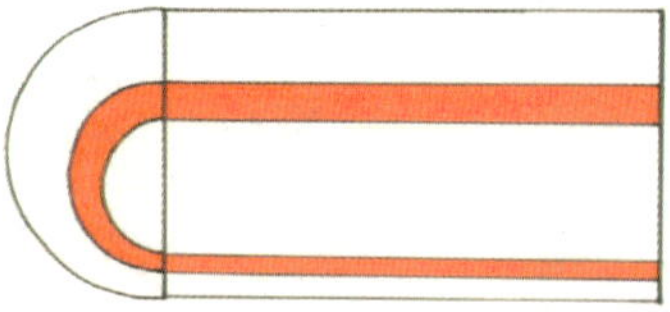

图 6-31　包含关系

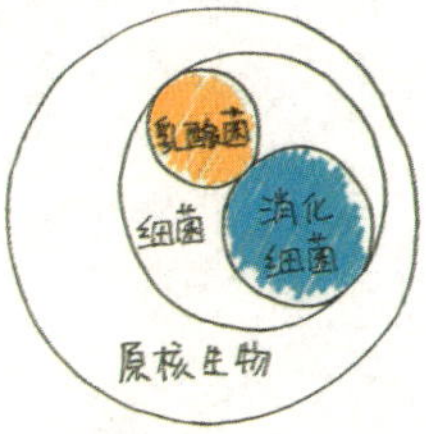

图 6-32　包含关系案例

当我们重构之后的部分分支属于从属关系，就可以运用包含关系图，有助于将整体内容呈现得更加直观。

4．拓宽思路的分割关系

一分为二，是中国古代哲学史上讲对立统一关系的命题，一是指统一物，二是指统一物的可分性，分割本身就是一种分类，我们在结构思考力中最重要的工具树状图本身就是一种分割关系下的图示，另外二维矩阵、表格等都可以归纳到分割关系中（见图 6-33）。比如大家最熟悉的时间管理矩阵，这个矩阵又称为艾森豪矩阵。用紧急性和重要性两个维度，交叉形成的二维矩阵，可以把每天纷繁复杂的事情分到 4 个象限中，这种现成的矩阵有很多。同时，我们在呈现环节中也可以找出我们呈现问题的两个重要维度，然后形成自己看待问题的二维矩阵，而通过这种分割的方式，不但可以把想要表达的观点呈现得更清楚，还会让我们看到很多之前没有留意到的看问题的视角。

图 6-33　分割关系

比如在投标决策过程中，把现有的需求按照利润高低、实施的复杂度形成的二维矩阵分类呈现，就可以针对不同象限的需求做出不同的决策了（见图 6-34）。

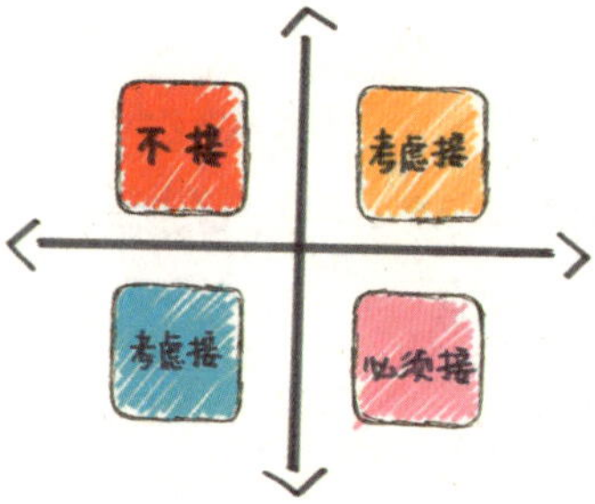

图 6-34　分割关系案例

四、数据说话的比较模式

数据图表是形象化呈现中最重要的一种方式，运用图表可以让读者更容易理解你所表达的主题和观点。我们在呈现的第四种模式中，将重点介绍数据图表的选择和呈现。

数据图是一种视觉符号，通过人们设计的图像，可以发展成人与人沟通的视觉语言，也可以是了解族群文化与历史源流的史料。图像由于是对客观对象的一种相似性的、生动性的描述或写真，因而成为人类社会活动中最常用的信息载体。或者说图像是客观对象的一种表示，它包含了被描述对象的有关信息。它是人们最主要的信息源。据统计，一个人获取的信息大约有 75% 来自视觉。古人说“百闻不如一见”、“一目了然”便是非常形象的例子，都反映了图像在信息传递中的独特效果。因而，生动性与直观性是图像表达最显著的特点。

我们常用的数据图表达形式，主要有各种各样的统计图，但这些数据图基本是与语言文字配合使用的。如图 6-35 所示。

图 6-35　比较模式

很多人在运用数据图表时有这样的习惯，首先有一堆数据，把它们插入一个条形图中看看觉得不好看，又换一个饼状图试试，觉得饼状图还是不错的，于是选择了饼图。如果你也有类似的经历，需要特别注意的是应该先搞清楚数据之间的关系，再根据关系确定使用不同的图示形式。

1. 构成比例的成分关系

成分关系也叫做构成，是整体的一部分，一般用饼图表示。比如在工作中如果遇到需要计算总费用的各个部分构成比例的情况，一般都是通过各个部分与总额相除来计算，而且这种比例表示方法很抽象，我们可以使用饼形图表工具来表示。饼状图是以圆形代表研究对象的整体，用以圆心为共同顶点的各个不同扇形显示各组成部分在整体中所占的比例，要注明各扇形所代表的项目的名称（可用图例表示）及其所占百分比。

能够直接以图形的方式直接显示各个组成部分所占比例。更为重要的是，由于采用图形的方式，更加形象直观，这就是使用饼形图表工具。如图 6-36 所示。

图 6-36　成分关系

如图 6-37 所示，针对全年的销售额进行统计，要展示各个季度在全年中的贡献，可以用饼图进行展示。

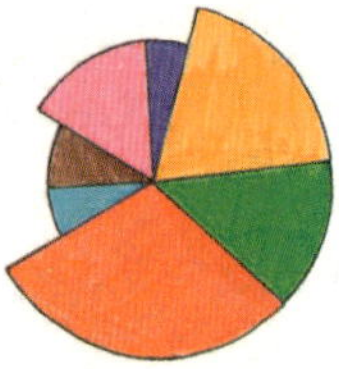

图 6-37　成分关系案例

2. 数值大小的排序关系

如图 6-38 所示。顾名思义，就是根据需要比较的项目的数值的大小进行排列，可以按数值从小到大排列，也可以按照数值从大到小排列。一般在表示排序关系时，我们用条形图会比较多。

图 6-38　排序关系

如图 6-39 所示，用条形图对某公司各事业部的年度业绩进行排序，我们可以很容易地看到业绩好的和业绩差的分别是哪些事业部。

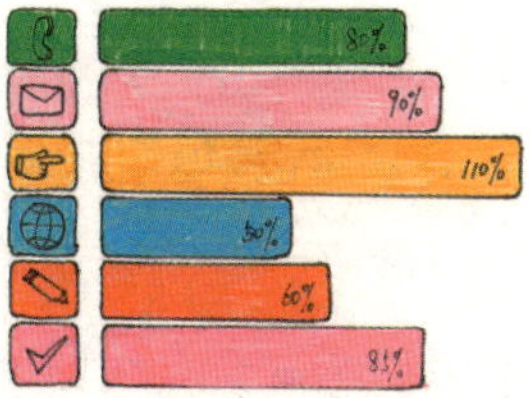

图 6-39　排序关系案例

3．频率分布的序列关系

序列关系包含了两种，一种是按照一定的时间顺序发展的趋势和走势；一种是表示各项目的频率分布的，这种关系一般运用柱状图和折线图等进行呈现。如图 6-40 所示。

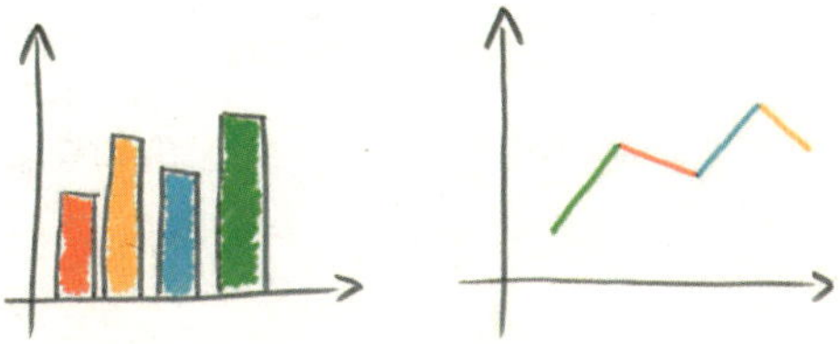

图 6-40　序列关系

如图 6-41 所示，如果要展示今年上半年某个事业部的业绩发展情况，这个时候就不能用业绩多少来排序，而是选择用时间顺序做一个柱状图或折线图来表示发展的趋势。

图 6-41　序列关系案例

4. 解释相关的关联关系

最后一种是解释相关性的关联关系，比如判断随着某款车型价格的下降，购买该车的用户是否减少等，这种衡量两大类各项目间的关系，即观察其中一类的项目大小是否会随着另一类项目的大小变化而有规律的变化。如图 6-42 所示。

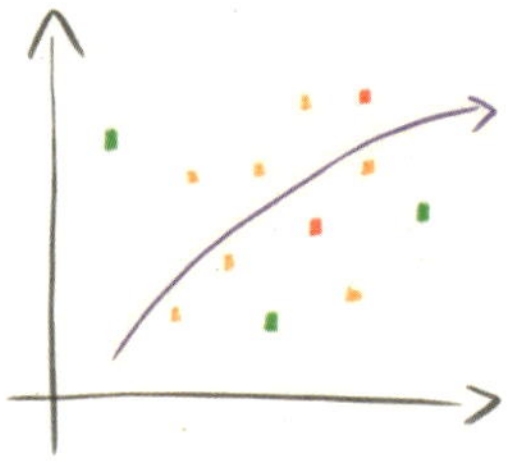

图 6-42　关联关系

这种相关性关系，一般选用散点图的方式进行呈现。散点图描述两种现象的相关关系，是在坐标系中标出各个分析数据的相关位置点，直观地显示出一组数据的分布情况。散点图通常用于显示和比较数值，例如科学数据、统计数据和工程数据。当要在不考虑时间的情况下比较大量数据点时，多使用散点图。散点图中包含的数据越多，比较的效果就越好。如图 6-43 所示。

图 6-43　关联关系案例

通过上面的介绍，可以体会到数据图具有直观、形象具体、简明生动、通俗易懂、一目了然等特点，可以使复杂的统计数字简单化、通俗化、形象化，使人一目了然，便于理解和比较。因此，统计图在统计资料整理与分析中占有重要地位，并得到广泛应用。其主要用途有：表示现象间的对比关系；揭露总体结构；检查计划的执行情况；揭示现象间的依存关系，反映总体单位的分配情况；说明现象在空间上的分布情况等。

第二节 得图示：根据关系选择匹配的图示

得图示比较简单，在上一步配关系中，已经明确了不同关系下该运用什么图示，为大家提供了一个按照上述关系分类的图示库（详见附件工具），这个图示库不能把所有图示都穷尽，只是为大家提供一些典型图示作为参考。如图 6-44 所示。

图 6-44 得图示

第三节 上包装：要点包装更容易记忆

通过对要点的语言包装可以让对方更容易记忆。比如，出门四件事知道是什么吗？很多人会马上得出答案——“身手钥钱”，也就是出门之前要记得拿身份证、手机、钥匙和钱包。简称为“身手钥钱”。再回忆一下“交通123”是什么？一看、二慢、三通过。很多年过去了，这些要点你还可以非常清晰地记得。究其原因是这些要点通过语言的方式进行了包装，让你记起来更加简单、明了且形象。

上包装的任务是尝试将已经搭建好金字塔结构的一级目录通过类比、简化、引用和整合的方式进行包装，以让对方更容易记忆并接受你的观点。当你表达的时候，对方的思维一部分用于接收信息，一部分用于找出内容之间的逻辑关系，还有一部分是用于理解记忆所学的内容。如果我们能将准备传递给对方的内容做进一步的提炼和加工，再加上前面搭建的结构，一定可以让对方轻松愉快地记住并接受我们的观点。我们的目标不是为了更炫和更酷，而是以对方的需求为出发点，重点关注容易记忆和清晰明了。如图 6-45 所示。接下来将以案例的方式为大家呈现这四种包装方法。

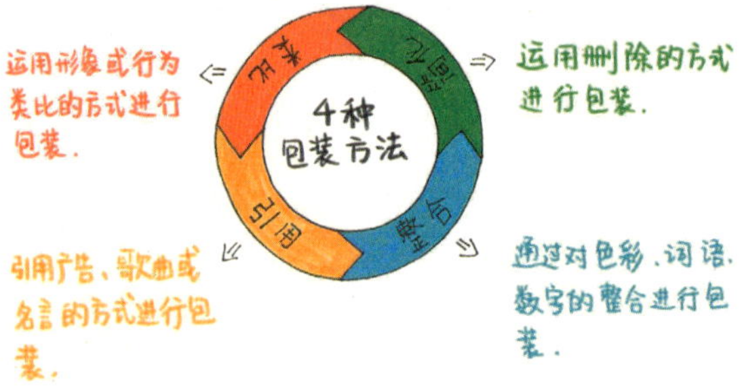

图 6-45　上包装

1．简化：运用删除的方式进行包装

第一种方法是运用删除的方式对主题进行包装，我们通过案例的方式进行展开。

案例 1 如图 6-46 所示。

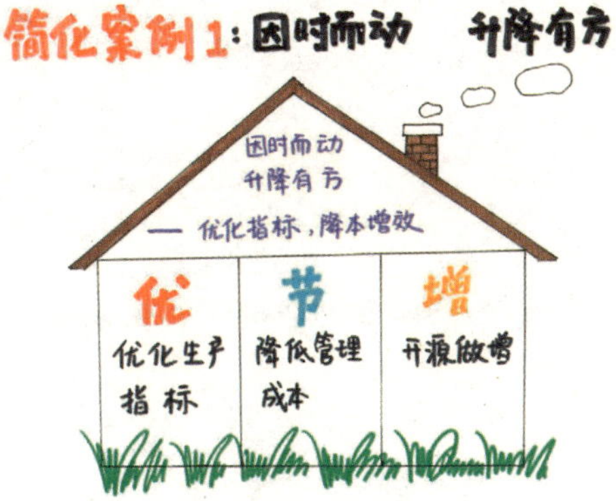

图 6-46 简化案例 1

这个案例的包装方法非常简单，原观点是“优化指标，降本增效”，一级目录是“优化生产指标、降低管理成本、开源做增”，通过简化的方式直接包装为“优”、“节”、“增”，使得更容易记住这些观点。

案例 2 如图 6-47 所示。

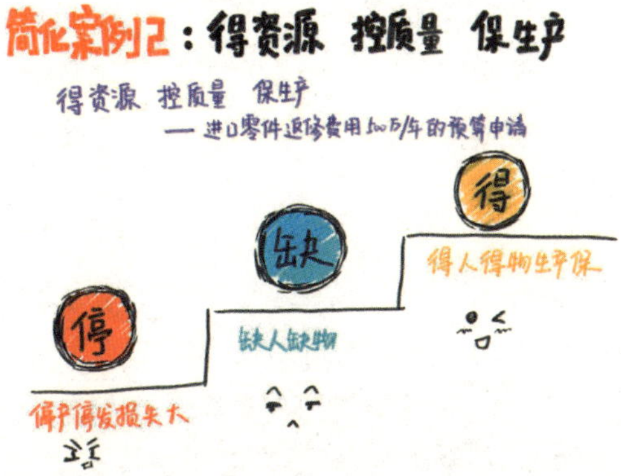

图 6-47 简化案例 2

“停缺得—申请进口零件返修费用 500 万 / 年”在一级目录的三个观点中“停产停发损失大、缺人缺物无围堵、得人得才生产保”，在每一个主题中选了一个关键字，并且将它们组成一个谐音的词，让记忆变得更加容易。

2. 类比：运用形象或行为类比的方式进行包装

第二种方法是运用形象或行为类比的方式为主题进行包装，我们通过两个案例进行展开。

案例 1：水涨船高

主题是“实现企业员工收入共同增长”。通过类比包装后，如图 6-48 所示。在运用简化的基础上，将企业与员工的关系类比喻为水与船，并运用同一个线索将大标题包装为“水涨船高”，非常形象地表达出观点。

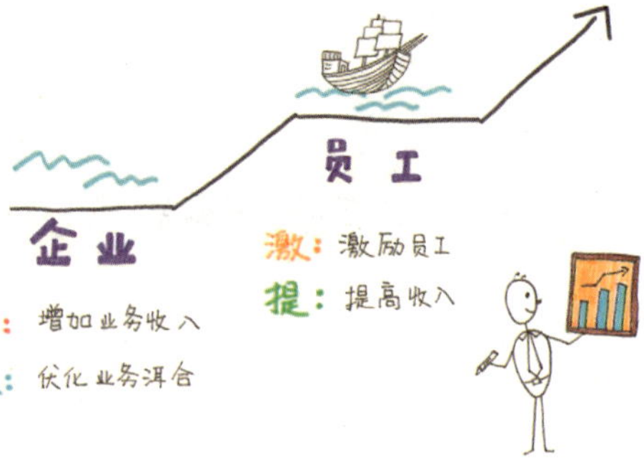

图 6-48　类比案例 1

案例 2：三箭齐发　决战岁末

这个案例非常巧妙地把要点类比为三支箭。主题是“岁末智能机销量翻翻策略”，分别将三个策略“成本支撑、决策匹配、激励到位”包装为三支箭，包装后如图 6-49 所示。

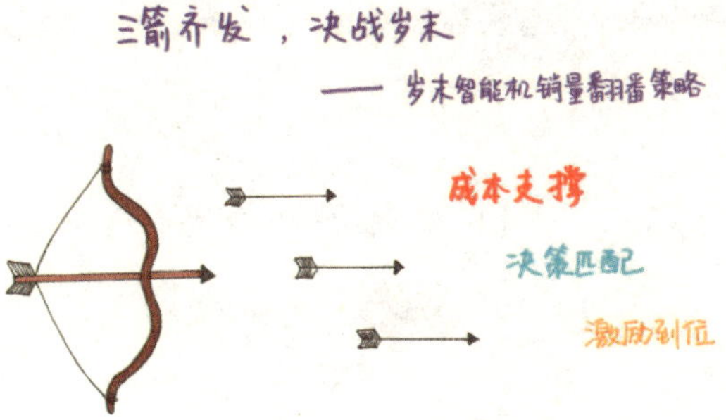

图 6-49　类比案例 2

3. 引用：引用广告、歌曲或名言的方式进行包装

案例 1：深改四部曲

本案例用曲名进行包装，非常形象地表述了想要传达的观点。主题是“深改四部曲——培训业务深入改革方案”，将四种策略“拓渠道、优结构、整资源、建机制”，包装为四首曲子“十面埋伏、大浪淘沙、梅花三弄、行云流水”。包装后如图 6-50 所示。

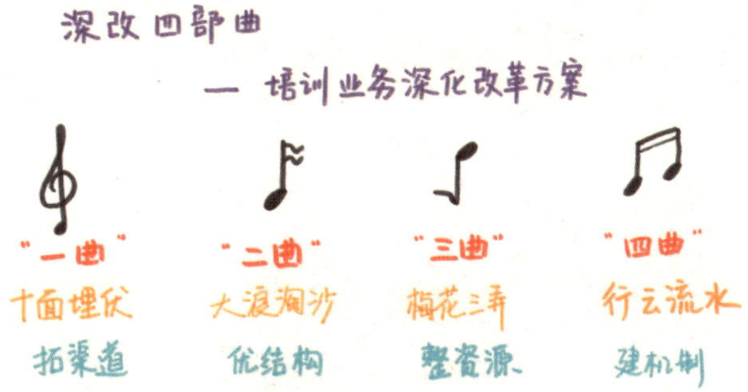

图 6-50 引用案例 1

案例 2：天时、地利、人和

本案例是通过引用进行包装，清晰明了，容易记忆，主题是“保证项目进度”，第一部分是增加工时，第二部分是保证场地后勤，

第三部分是增加人员，包装后如图 6-51 所示，三个部分分别为“天时、地利、人和”。

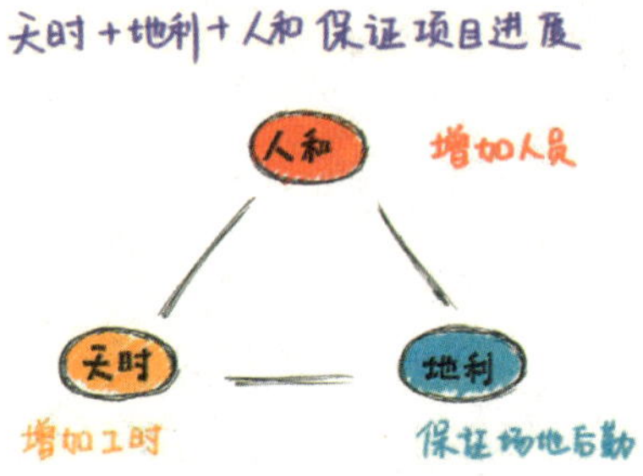

图 6-51　引用案例 2

4. 整合：通过对色彩、词语、数字的整合进行包装

案例 1：内部管理三优化

本案例是一个典型地运用数字进行包装的案例，主题是“内部管理三优化”，包装后如图 6-52 所示。

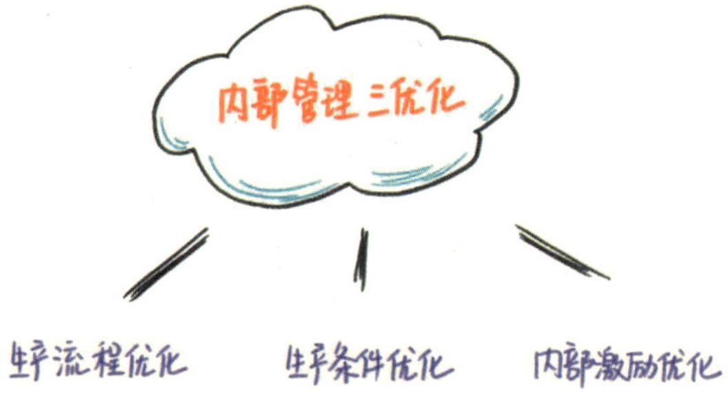

图 6-52　整合案例 1

案例 2：S+S+S 模型

本案例是利用字母进行的包装。主题是“3S 逐步推进室内覆盖差异化建设”。包装后如图 6-53 所示。

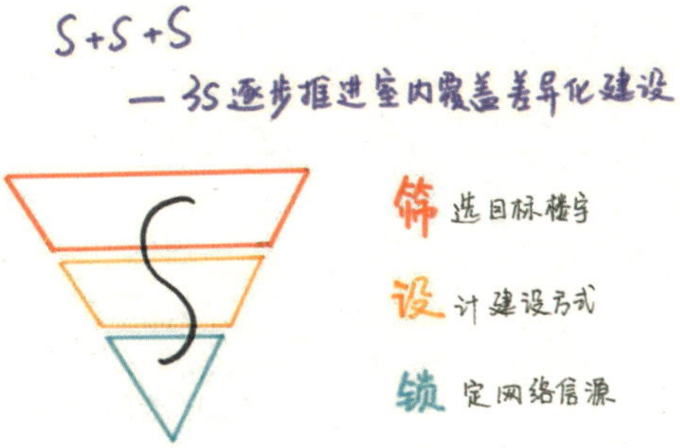

图 6-53　整合案例 2

扫一扫，跟李忠秋一起透过结构看世界！

回复“PPT06”：获取第六章电子版手绘 PPT

回复“weike05”：获取“结构思维形象化”视频微课

回复“anli01”：获取企业家形象化表达案例

回复“zuoye03”：获取第六章工具及互动练习入口

应用篇

结构思考力的三个方面应用

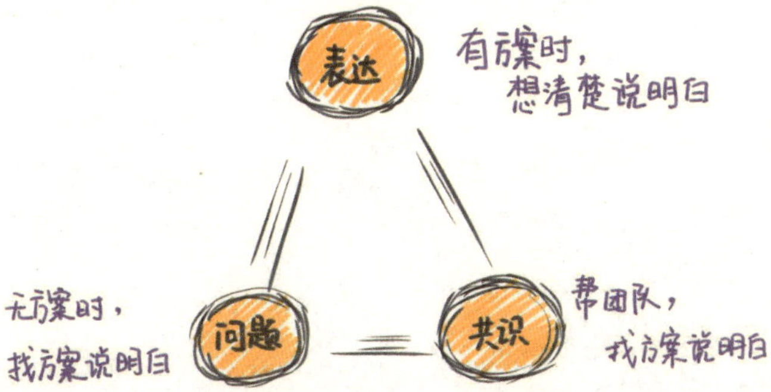

从第七章开始探讨结构思考力的核心应用，通过之前内容的探讨，大家知道结构思考力的核心作用是帮助我们思考更清晰、表达更有力，即帮助我们想清楚说明白。基于此，目前结构思考力的应用体系中包含三个方面的内容：透过结构看表达、透过结构看问题、透过结构看共识。

“透过结构看表达”能够帮助我们在有方案的时候，想清楚说明白。主要解决的是在日常表达中，根据不同的时机和需求选择不同的表达结构，使他人听清、听懂，乃至接受自己的思想。此外，还可以帮助大家快速整理思路，写出报告，令语言简洁并更具说服力。

“透过结构看问题”能够帮助我们在没有方案时，找到方案并说明白。主张用结构化的思考方式解决问题，比如问题的界定，运用结构思考力探讨问题的本质，以及如何最终形成解决方案。

“透过结构看共识”解决如何帮助团队找到方案并给出说明。该部分主要解决了如何在会议讨论中达成共识的问题。作为团队的管理者或会议的主持人如何通过提问、倾听、引导等方式将结构思考力的文化贯彻到组织中。希望大家能够有意识地将结构思考力融入工作的方方面面，打造团队高效的工作环境，鼓励大家引导团队成员运用正确的工具和方法提高思考质量。

第七章

透过结构看表达——有方案时，想清楚说明白

结构思考力最核心的一个应用就是帮助我们想清楚说明白。人的社会属性要求人们之间必须经常进行沟通交流，这在职场人员中更不可缺少。因为管理人员 70% 的时间与精力都用于沟通交流，所以，无论你是什么岗位、从事什么职业、有什么成绩，善于表达已经成为所有职场人士的必备技能。本章我们将探讨如何运用结构思考力，有效地构思出商务表达和呈现技巧的框架和内容。

注意！本章的目标是解决“有方案时，想清楚说明白”的问题，也就是有了初步的想法，不知道该如何把方案说清、说全并有效地说服对方。如果压根没有解决方案的，先参考下一章“透过结构看问题”找到解决方案之后，再运用本章的方法做表达的构思和方案的呈现。

“透过结构看表达”主要的框架还是基于结构思考力三层次模型的展开，如图 7-1 所示。

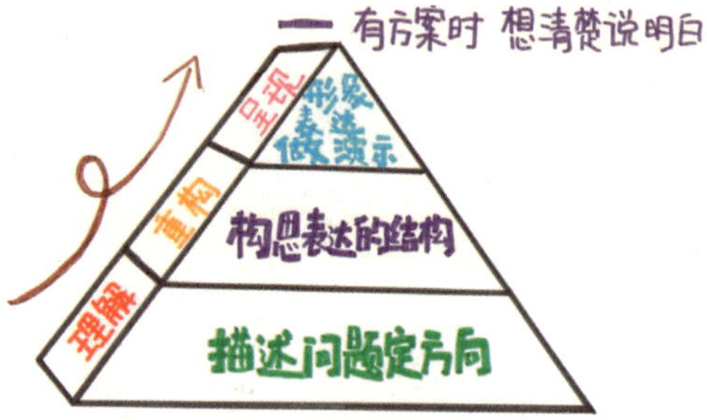

图 7-1　透过结构看表达

（1）理解：首先要描述清楚现在的问题以及初步的解决方案。

（2）重构：基于表达的目标，通过主题、纵向结构、横向结构三个方面完成表达内容结构的构思。重构的整个过程都需要符合重构四核，即"论"、"证"、"类"、"比"四个核心原则。

（3）呈现：在运用"结构罗盘"的基础上，重点从 PPT 呈现的角度，探讨方案的形象化表达和呈现。

具体操作中，进一步展开的框架如图 7-2 所示。

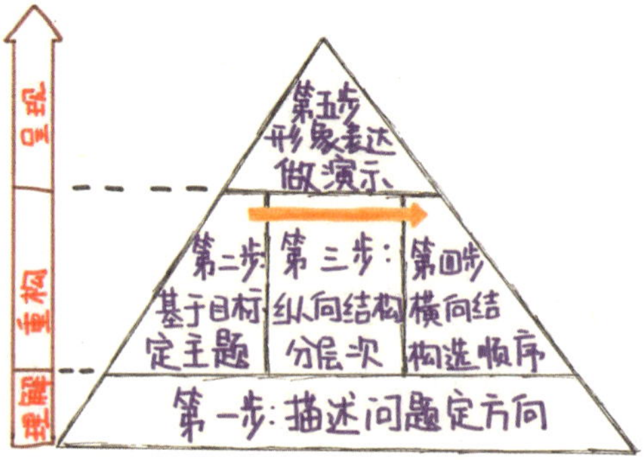

图 7-2　透过结构看表达的 5 个步骤

第一节 理解：描述问题定方向

一、把问题说清楚，便已经解决了一半

“把难题清清楚楚地写出来，便已经解决了一半。”如图 7-3 所示。

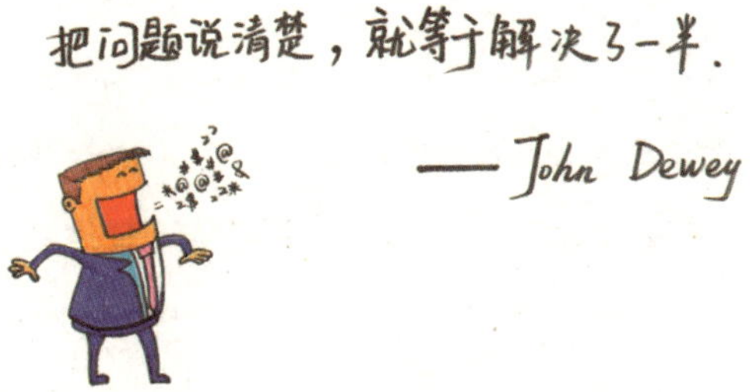

图 7-3 理解：描述问题定方向

这是著名的吉德林法则，由美国通用汽车公司管理顾问查尔斯·吉德林提出。该法则的核心理念是强调我们面临问题以后，不要被问题或危机冲昏了头脑，并且自暴自弃。世界上所有不好的事情，只是在我们认为它不好的前提下，才是真正坏的事情，而解决它的关键便是有条有理地写出这些问题，并积极地去面对。这里有一个特别经典的故事。

在英国有个妇女向法院提起了一个诉讼，诉讼的对象是一家足球厂商——宇宙足球厂，并要求其赔偿自己 10 万英镑的精神损失费。而诉讼的理由，在我们看来可能有点不可理喻，竟是因为她的丈夫迷恋足球到了不可自拔的地步，严重影响了他们的家庭生活和夫妻之间的关系。

结果这个诉讼在宣判之前，竟然得到了大多数陪审团成员的支持，换句话说，足球厂商要面临败诉并且支付对方索要的精神

损失费。这下这家公司的老板坐不住了，这个时候公司的公关顾问认为，这次诉讼即使打输了，对公司来说，除了那笔要赔偿的精神损失费以外，也不会因为这样离奇的诉讼理由给公司带来其他太多的负面影响。如果能够通过这个官司，再想办法把赔的钱赚回来不就把问题解决掉了吗？于是，他们并没有在法庭上就如何打赢这场官司花太大的力气，反其道而行之，借助媒体的力量对这个诉讼大肆宣传，证明其生产的足球竟然对球迷有如此之大的吸引力。结果虽然最后输掉了官司，这家足球厂商却因此而名声大振，销量在原有基础上翻了四倍，可以说是因祸得福。

这个故事告诉我们，解决问题的前提是要清楚地找出问题，看到问题的症结所在。而杂乱无章的思维，是不可能产生有条有理的行动的。

二、描述问题定方向

在理解环节，我们给大家推荐一个工具："5W2H 框架"。如图 7-4 所示。将自己目前面临的问题和解决方案，条理清晰地进行描述，以便为接下来的重构和呈现打下坚实的基础。

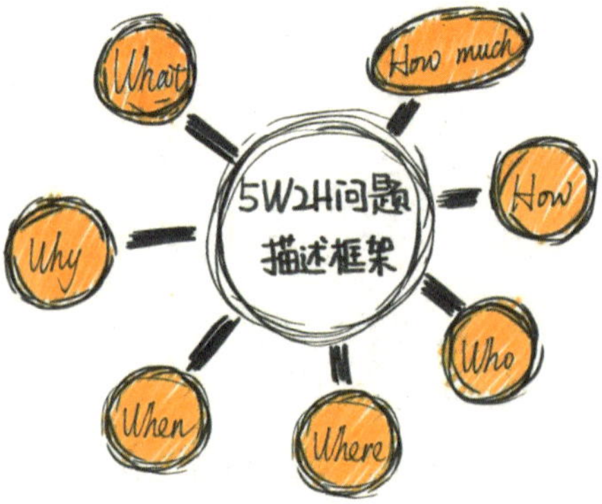

图 7-4　描述问题定方向

5W2H 分析法是“二战”中美国陆军兵器修理部首创的工具。这个框架非常简单、方便，易于理解、使用，在描述问题时也有助于弥补考虑问题的疏漏。如表 7-1 所示。

表 7-1 5W2H 分析法

拟定的解决方案		
5W2H 框架	**参考问题**	**对问题的描述**
What	什么事情出了问题？ 什么问题？	
Why	为什么会造成这样的结果？	
When	什么时候发生的？	
Where	在哪里发生的？	
Who	是谁的问题？谁负责？	
How	是怎么发生的？	
How much	有多少事物出了问题？ 问题出到什么程度？数量如何？ 频率如何？	

很容易理解为什么由兵器修理部提出这个工具，比如你的汽车出现了时好时坏的状况，要去 4S 店维修，尤其是对于那种感觉性性能故障，我们往往描述得非常感性（如异响、加速不良、熄火、无法起动等维修技师不易判断故障点的故障），这时候专业的维修顾问就会运用一定的提问技巧引导你在“5W2H”几个方面把故障发生的前后情况说清楚，并把你的描述记录下来。

下面我们一起来看一个工作中的案例，仓储部门在向人力资源部申请招聘装卸工时所做的问题描述。如表 7-2 所示。

表 7-2 案例

拟定的解决方案	向人力资源部申请再招聘 12 名装卸工	
5W2H 框架	**参考问题**	**对问题的描述**
What	什么事情出了问题? 什么问题?	货物装卸无法在规定时间内完成
Why	造成这样的结果是为什么?	人手不足
When	什么时候发生的?	这个月初开始
Where	在哪发生的?	仓库
Who	谁出的问题?	装卸工
How	怎么发生的?	业务量增长后，装卸量增长了 20%
How much	多少事物出了问题? 问题出到什么程度? 数量如何? 频率如何?	出现了 8 次装卸时间延误； 装卸工每天加班超过 3 小时

通过这个框架可以用最简便的方式精准而清晰地描述问题，让我们可以全面思考问题、避免问题的遗漏，从而为接下来解决方案的提出打下坚实的基础。

第二节 重构：构思表达的结构

重构的三个步骤如图 7-5 所示。

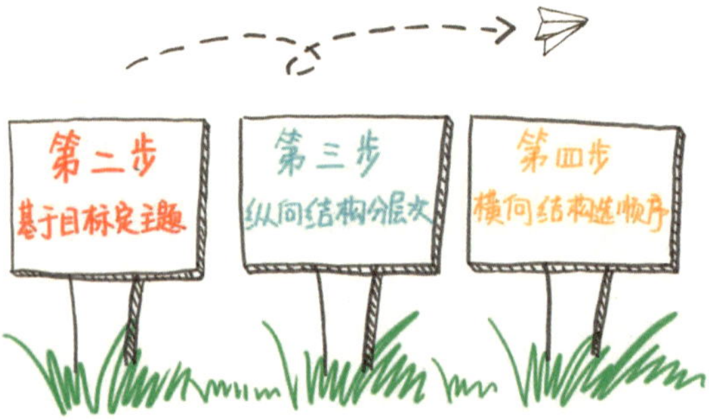

图 7-5 重构的三个步骤

一、基于目标定主题

要想清晰表达主题，先要确定目标。本章将向大家介绍如何基于目标定主题的三个步骤。如图 7-6 所示。

图 7-6 基于目标定主题

1. 确定目标——让表达有的放矢

在你的一次表达之后，希望对方有哪些行为？这是我们构思表达结构的起点，因为一旦目标不同，未来为目标服务的主题就不同，接下来要呈现的内容就不同。我们先做一个小试验。请你用 3 秒钟的时间，环顾房间的四周，然后闭上眼睛，回顾一下房间里红颜色的东西有几种？一般能说出 5 ～ 6 种。如果再做一回，同样给你 3 秒钟，环顾房间里红颜色的东西有几种，然后闭上眼睛回顾，那么能说出来 10 多种。

这个小试验说明，当我们把注意力集中到一个目标的话，那么效果会大不相同，也就是说，目标具有把能量集中、引人关注、吸引注意力、指引方向、激发激情等作用。据此，表达时有目标，才能有的放矢，以集中听者的注意力。所以，表达前，或者说重构思维模式前，先要确定目标，然后才能确定主题、搭建结构，才有努力的方向。

确定表达的目标，目的是希望对方产生与自己的思想相符的行为。比如说，你跟老板谈加薪，你的目标是希望老板听后马上决定给你加薪 20%。再比如，你向某客户推销一项新产品，你的目标是客户听过你的介绍后，愿意掏钱购买你的产品。总之，这里所说的目标，是在你的一次表达之后，希望对方能有哪些行为。

运用结构思考力确定表达时的目标，可以运用一个小工具：AB 法则，即每一条目标都要符合 AB 法则：A 代表受众，B 代表行为。比如你是公司的培训经理，想让高层发动员工积极参与营销培训，他的目标可以定为："A：公司高层，B：在公司内积极倡导大家参与此次营销培训。"如图 7-7 所示。

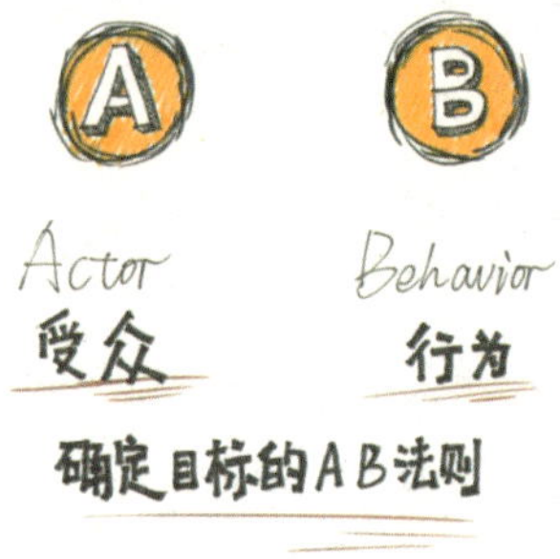

图 7-7　目标后定的 AB 法则

需要指出的是，表达时要看具体的对象和周围的环境。所以需要根据未来这一次表达的时间、地点、人物，明确自己的身份、对方的身份等，而且这个场景越具体越好，因为即使表达的内容相同，但由于场景的不同，表达的目标也不相同，场景越具体，表达的内容、目标、结构才能越准确。

2. 设计序言——让表达更吸引人

设计序言中的"序言"是一次表达的开场白。为了能够在汇报时吸引老板的注意力，需要运用序言的讲故事结构，设计一个有吸引力的开场。

常言道："好的开头是成功的一半"，说话、写文章都是如此。因为当一个人接收信息前，头脑中有很多思绪和想法，所以在沟通前要想把对方的思绪吸引过来，就需要搭建一个共同沟通的平台，然后才开始后面的表达。这就是序言的作用，使用快速抓住对方并吸引对方的开场方式，让双方都能够正视问题的存在，并决定采取措施解决它。

情景（S）= Situation（原本稳定的状态描述）

冲突（C）= Complication（颠覆现状、发现问题）

疑问（Q）= Question（选出待完成重要课题）

回答（A）= Answer（提出假设性解决方案）

以上是构成序言的四个要素，如图 7-8 所示。

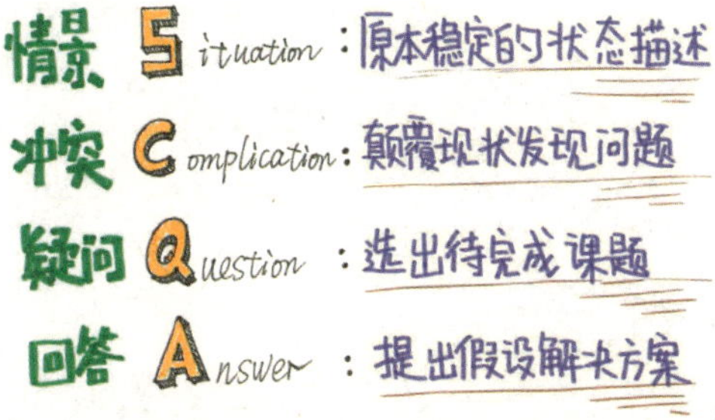

图 7-8　序言的四个要素

比如下面案例序言构成的基本要素如下：

S（情景）上年企业营销收入未完成计划，企业经营存在问题。

C（冲突）A 产品滞销、B 产品生产能力低，成为影响销售收入的关键。

Q（疑问）我们如何改变这种状况，完成今年的目标。

A（回答）消减 A 产品产量，加大 B 产品的生产能力和产量。

通常我们面临的问题要复杂得多，但我们可以沿着这样的思路一个层级一个层级地分析下去，逐条展开，就能在序言中用简练的语言表达清楚。

序言的主要作用是在没有中心思想之前，用来提醒对方关心一个疑问，从而引发对方的兴趣，而这个疑问的回答就是你要表达的中心思想。序言是在中心思想的上面，也可以简单地理解为一种引出中心思想的开场白。如图 7-9 所示。

图 7-9　序言在金字塔结构中的位置

我们根据需求，可以选择不同的序言模式，只是调整序言的四个要素的顺序即可，来表达不同的情绪。

序言的模式共有四个，分别是标准式、开门见山式、突出忧虑式、突出信心式。如图 7-10 所示。

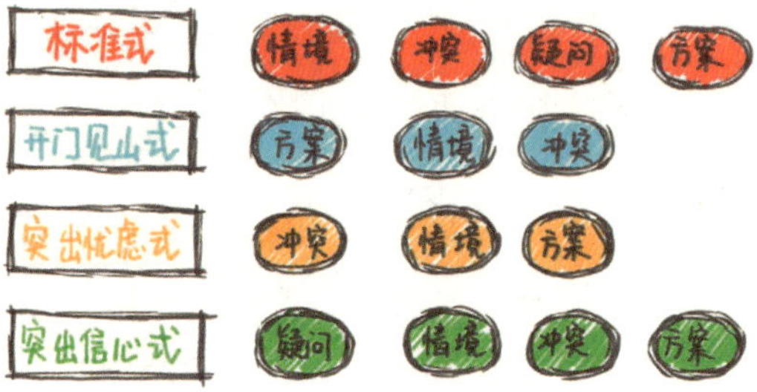

图 7-10　序言的 4 种模式

前三种模式中都省略了 Q，因为所有序言中的 Q 都可以是“那该怎么办呢？”我们看下面的案例。

（1）标准式：S—C—A

近年来，我国汽车市场发展迅速，但随着汽车市场分化的趋势日益明显，汽车产品竞争的压力明显增大。因此，我们应根据汽车智能化的发展趋势，加大智能化电动汽车的研发与生产。

（2）开门见山式：A—S—C

我们应加大智能化电动汽车的研发与生产。因为近年来，我国汽车市场发展迅速，但随着汽车市场分化的趋势日益明显，汽车产品竞争的压力明显增大。

（3）突出忧虑式：C—S—A

随着汽车市场分化的趋势日益明显，汽车产品竞争的压力明显增大。近年来，我国汽车市场发展迅速，我们应加大智能化电动汽车的研发与生产。

（4）突出信心式：Q—S—C—A

如何在汽车市场竞争激烈的情况下，促进汽车企业的快速发展？近年来，我国汽车市场发展迅速，但随着汽车市场分化的趋势日益明显，汽车产品竞争的压力明显增大。因此，我们应加大智能化电动汽车的研发与生产。

3．设定主题——让表达观点明确

结构思考力强调“结论先行”，这里说的主题就是我们整个表达的结论。也是在序言中的“A”，结论要鲜明，能说服受众，打动其心，方能达到目标。因此，表达要确定一个为目标服务的结论，而且必须是一个有观点、易于受众接受的结论，除此之外还要符合一些原则。

商品讲究包装，同样道理，主题也需要包装。包装主题要遵循三个原则：简单、准确、利益（从对方的角度出发）。这三者缺一不可。如图 7-11 所示。

假如一个主题能够包装出好多个主题来，则可以采用选题矩阵法，帮助我们把选题时的感性因素理性化：把主题放到第一列中，从简单、准确、利益三个维度，分别给每个主题的维度打分（满分 10 分），这样每个主题都会有一个总分，然后选择得分最高的那个主题。如表 7-3 所示。

图 7-11　设定主题的 SAP 原则

表 7-3 选题矩阵表

包装主题	简单	准确	利益	总分

二、纵向结构分层次

我们的思维具有两种能力，一是从目标出发沿着不同的路径层层分解，探求答案的能力；二是把各种信息聚合起来，加以分类，找出共同点，得出一个正确的结论或解决问题的方案。因此，在表达时，构建金字塔的表达方式就有两种，一是自上而下，二是自下而上，但通常是将两种方式结合起来运用。这两种方式的共同特点，就是纵向结构分层次，不管是自上而下还是自下而上，都要使结论清晰，符合结论先行、以上统下的原则。如图 7-12 所示。

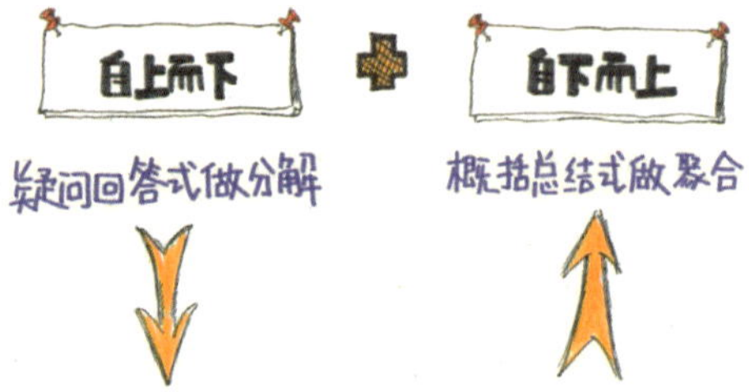

图 7-12　纵向结构分层次

1. 自上而下搭建金字塔结构——疑问回答做分解

我们都有看电影或小说的经验。电影和小说为什么那么吸引人？是因为故事中的悬念一个接一个，悬念不断解答，最后露出谜底。这也给我们以启示：若我们的口头表达或书面表达也像电影、小说那样，自上而下层层设置疑问，然后层层依次回答，岂不是很好吗？事实证明，这确实是一种有效的表达方式。首先抛出观点，然后设想对方会有哪些疑问，再回答这些疑问，这些回答又会引发新的疑问，接下来回答，直到你认为对方心中没有疑问了，这个结构就搭建完成了。这种方式从结构思考力的角度看，就是自上而下搭建表达的金字塔结构，或叫做疑问回答式分解。如图 7-13 所示。

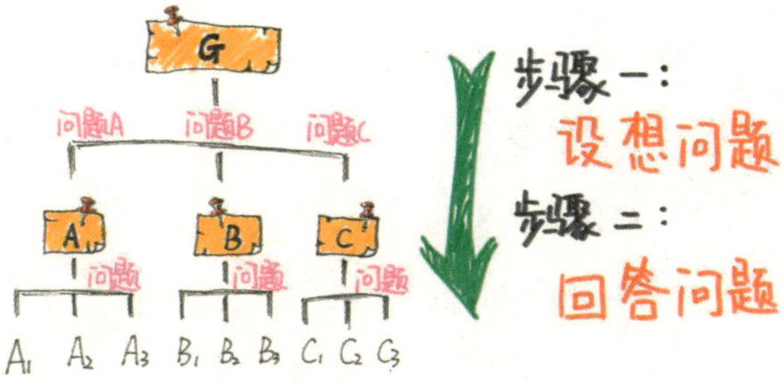

图 7-13　自上而下疑问回答式的两个步骤

采取这种方式有两个步骤。

（1）设想问题，要换位思考，全覆盖。

设想问题需注意两点，一是从对方的角度出发，换位思考，即设想自己是听者会怎么想。所以，设想问题是在已经确定完主题的基础上，想想对方关注什么问题。比如以谈加薪为例，如果主题是“申请加薪 20%”，那么设想一下，当你跟老板说要求加薪 20% 之后，他会关心哪些疑问呢？诸如：为什么你要求加薪？加薪的方式是什么？从什么时候加薪？给你加薪后，其他员工怎么办？不给你加薪会如何？等等。这些疑问都需要你在事前有答案，做好准备。这是其一。

二是通过 5W2H 法，确保问题被全面覆盖。

5W2H（见图 7-14）的内容如下：

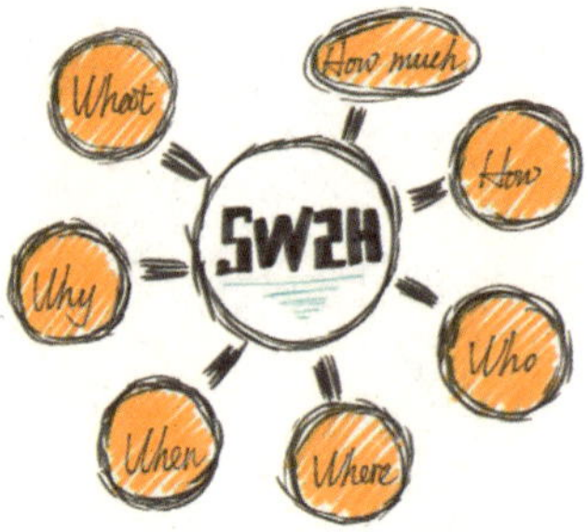

图 7-14　设想问题

What：是什么？做什么？目的是什么？

Why：为什么？为什么这样做？理由是什么？原因是什么？

Who：谁来做？谁来负责？由谁来承担？谁来完成？

When：什么时候开始做？什么时候完成？最佳时机是什么时候？

Where：何处？在哪儿做？从哪儿入手做？

How：如何做？怎么去做？从哪儿入手做？

How much：做多少？完成量是多少？合格率是多少？费用是多少？

这些问题并不一定每次都被问到，但通过 5W2H 的分析，可以确保你在换位思考时能够做到更加全面具体，不会遗漏问题。在 5W2H 中，最常用的是 2W1H，即“是什么、为什么、如何做”三个方面，这些是非常核心的问题，也能解决大部分的结构搭建。这样，我们就可以搭建一个 1—2—3 简易结构思考力模型。如图 7-15 所示。

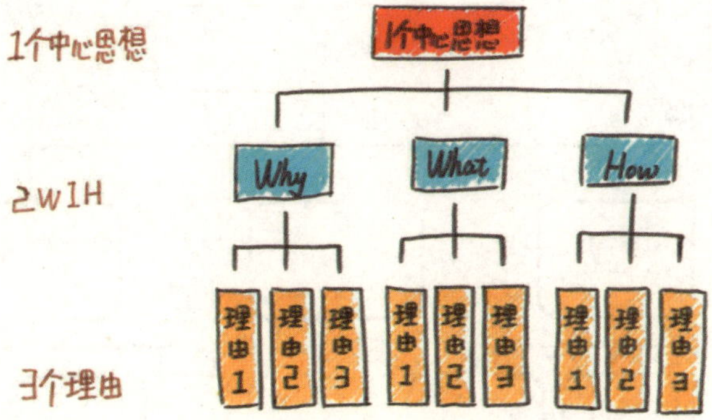

图 7-15　1-2-3 简易结构思考力模型

以申请加薪 20% 为例，其表达如下。

我申请加薪 20%。

我这几年的业绩非常出色。去年我完成销售额 100 万元，占我们销售组的 40%；去年我还成功地开拓了新客户，使客户的数量增加了 15%；今年前三个季度我的业绩更突出，已完成销售额 150 万元，在销售组中名列前茅。

按照公司的奖励规定，像取得我这样业绩的员工，是应该奖励的。我希望从今年下半年给我加薪 20%。

如果给我加薪的话，我将更加努力，明年的销售额有望达到 200 万元以上，并且开拓更多的客户，把产品销售到东北市场。同时会把我的经验传授给同事，使公司的盈利更多。

如图 7-16 所示。

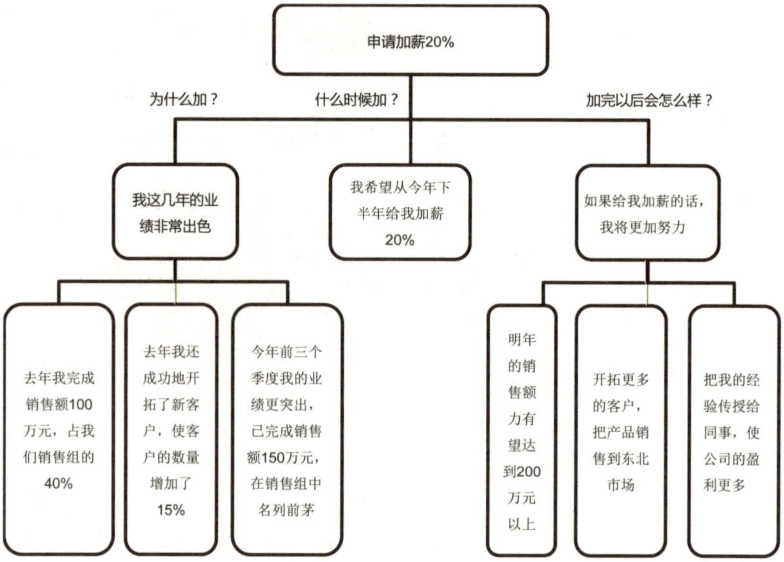

图 7-16　申请加薪案例

（2）回答问题，事先想好答案，把对方最关心的问题放在关键位置。

作为表达者，你必须在表述的下一层次对引发的问题做出回答，同时你的回答仍然是向对方传递他们不知道的新结论，而这个结论又使对方产生新的疑问，之后，你会在下一层次对新的疑问做出回答。你将不断地按照“引起对方疑问并回答疑问”的模式继续你的表述，直到你认为对方不会再对你新的表述提出疑问为止。至此，你就可以离开金字塔结构的第一个分支，返回结论层继续回答由结论引发的其他疑问。

每个问题回答本身都需要是结论，才能更加清晰有说服力。因此，我们在运用自上而下——疑问回答做分解方式表达的时候需注意两点，一是结论先行，即每一个答案本身就是一个结论，因为是结论才能引发下一层级新的问题。没有结论的构思仅仅是个框架，有了结论之后框架才有灵魂。二是以上统下，就是下面的每一个都是回答上面问题的答案，这样才能保证在最短的时间内把复杂问题表述清楚。

我们向别人表达观点，设置情景，需要站在听者的位置上，弄清他最关心的问题是什么，这样才能把表达的结论用到关键之处。因此，在实践中我们表达时一定要注意看对象，针对不同的听者，把相同的内容放在不同的位置，表达出恰当的结论。

用这种方式搭建的结构在讲的过程中会更吸引人和有说服力，因为你说的都是对方关心的，对方关心的也都被你一一解答过了。所以这是一种心智模式的转换，之前是习惯告诉对方我想说什么，现在变为看对方关心什么。

2. 自下而上搭建金字塔结构——概括总结做聚合

在日常生活工作中，我们经常会遇到另外一种情况，就是面对一堆素材或信息，需要加以整理、梳理，理出头绪，以便“提纲挈领”。比如工作总结就是如此。在这样的情况下，就需要我们采取自下而上搭建金字塔结构的方式，叫做概括总结做聚合。

采取这种方式有三个步骤。

（1）收集信息。将能够收集到的信息全部罗列出来。

（2）信息分类。按照归类分组的原则，确保同一组的信息属于同一个范畴。

（3）概括总结。将每个分类概括出一个结论。寻找每组信息资料的共性，将共性概括为结论，然后继续往上概括，直到金字塔的塔顶得出最终的结论为止。

如图 7-17 所示。

我们现在以生活中介绍异性朋友为例，说明此方式的运用。

假如有人向你单位的一位女同事介绍男朋友，你问他那个小伙子怎样呀？他说，那个小伙子真不错，个头高，大学毕业，长相好，待人和气，潇洒活泼，逻辑思维能力强，富有同情心，在大型企业从事设计工作，工资高……

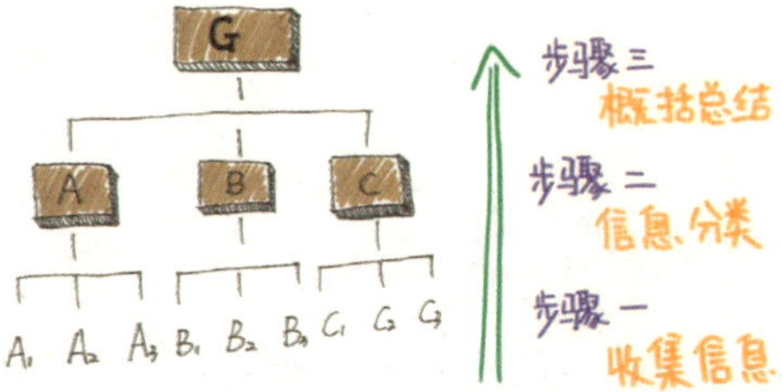

图 7-17　自下而上概况总结式的三个步骤

你听完这样的介绍，感觉信息不少，但有些乱。所以你需要将这些信息梳理一下，分成三类，每类给出一个结论，最后概括出一个结论，再向你的女同事介绍，就会很精彩。其金字塔结构如图 7-18 所示。

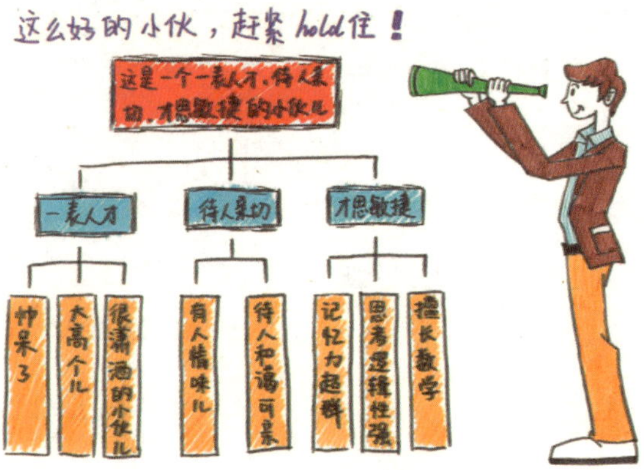

图 7-18　相亲案例

纵向结构的以上两种方式一般都是同时使用的，通过自上而下、自下而上的两方面努力，就能完成一份观点清晰、简明的表达结构。这个过程实际上是确定主题、基于主题进行发散思维，然后进行聚合概括，浓缩成一个打动对方的结论的过程。在这一过程中，结构思考力帮助我们完成了整个构思。

三、横向结构选顺序

我们在纵向构建思维金字塔的时候，细心的读者会发现，在对各层次进行归纳的时候，我们还要进行必要的分组归类，搭建横向的结构，也就是说，金字塔结构是由纵向与横向的两种子结构共同构成的，纵向分析使事物步步深入，横向展开使事物各部分之间的关联分明。因此，弄清事物横向各部分之间的逻辑关系，也是搭建表达金字塔中不可或缺的工作。

如前面的章节所述，横向的逻辑思维方式有演绎与归纳两种。如图 7-19 所示。

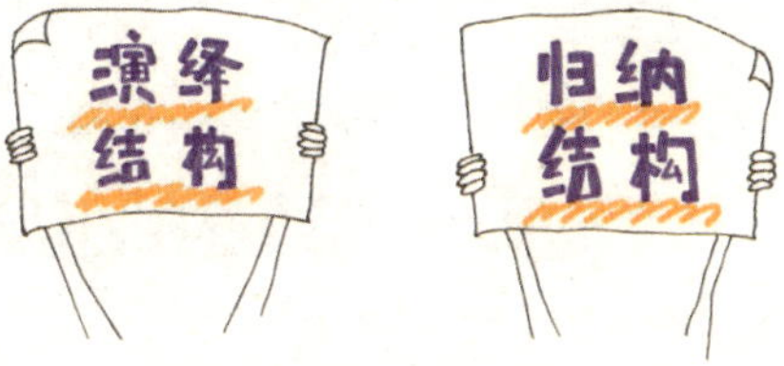

图 7-19　横向结构选顺序

1. 选择演绎——让说服更有力

演绎是从普遍性的理论知识出发，去认识个别的、特殊的现象的一种论证推理方法。当你需要说服对方的时候，或觉得对方可能会有抵触心理的时候，用此方式会更好些。因为在论证时，大前提与小前提无可争议，得出的结论是一个必然结果。如图 7-20 所示。

演绎论证有两种方式，一是标准式，二是常见式。如图 7-21 所示 。

（1）标准式演绎：理性思考的根本，让表达极具说服力。

演绎的三段论就是标准式。其结构图示如图 7-22 所示。

图 7-20　演绎论证

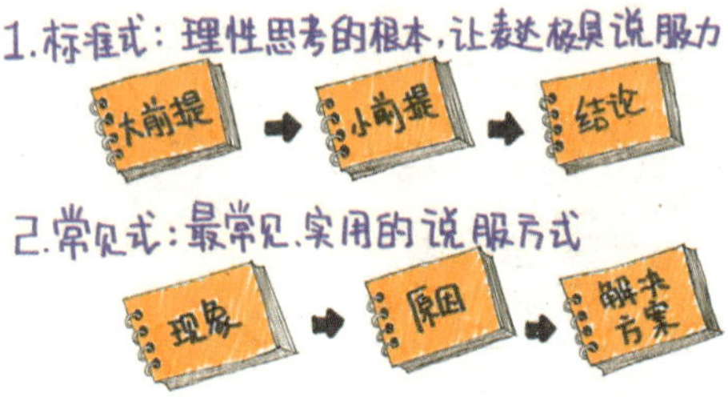

图 7-21　演绎的两种方式

图 7-22　标准式演绎论证

演绎之所以在结构思考力中运用后，觉得说服力非常强，是因为它是从人们公认的道理出发，是用共性去推断个别的事物，而这个个别的事物存在于共性之中。

（2）常见式演绎：最常见、实用的说服方式。

从分析现象开始，查找其发生的原因，然后寻找出解决方案，就是常见式的演绎论证。其结构图示如图 7-23 所示。

图 7-23　常见式演绎论证

常见式演绎论证方式既包含了 2W1H 的技巧，既保证了思考的全面，又是逻辑清晰的演绎，所以会使表达既全面又很有说服力，在日常工作中更容易被使用。

2. 选择归纳——让要点更清晰

归纳是从许多个别的事物中概括出一般的概念、原则或结论的方法，即由个性到共性。从结构思考力的角度看，是在事物分类基础上，进行横向概括、论证推理，得出一个结论。如图 7-24 所示。

图 7-24　归纳论证

当对方关注解决方案的时候，更适合运用归纳的方式，因为归纳得出的结论清晰，有其前提提供了理由。其结构图示如图 7-25 所示。

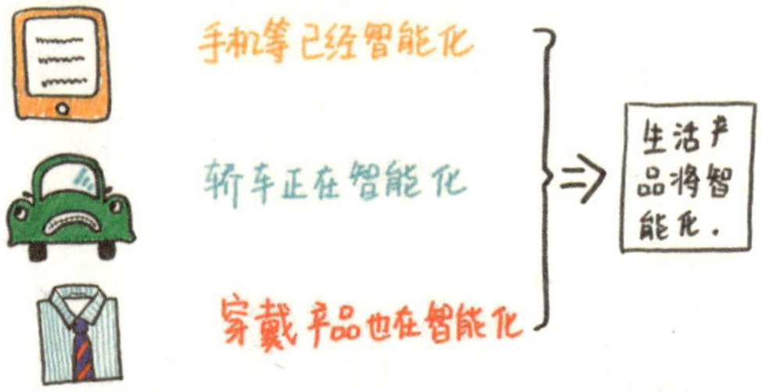

图 7-25　归纳论证案例

我们人类的大脑具有自动地将某些有共同特点的事物进行归类组织的能力，从个别的事物中找出其一般性，得出一个结论，然后由这个结论去认识其他个别性的事物，进行演绎推理。所以，归纳与演绎是相辅相成的论证方式。

归纳论证有三种子结构：按时间顺序论证、按结构顺序论证、按重要性顺序论证，如图 7-26 所示。这是常用的分类方法，当然还可以从其他角度进行分类。

图 7-26　归纳论证的三种子结构

（1）时间顺序：逐一进行。

按时间顺序进行归纳论证是日常工作中用的比较多的论证方法。比如项目执行的甘特图、解决问题的步骤、达成目标的阶段、绩效改进的环节等，都是按时间顺序划分的。

（2）结构顺序：化整为零。

结构顺序是指将一个整体划分为不同的部分。这个整体既可以是事物，也可以是概念，将其从外到内，或从上到下、从整体到局部来加以介绍。这种表达顺序有利于说明事物各方面的特征。如企业的组织结构图、领导力模式、企业产品结构等。

（3）重要性顺序：水平比较。

重要性顺序是指具有某些共同特点和内容的事物，按照其重要程度进行排序。在表达时，先讲最重要的、关键性的。

总之，同样一件事物可以用多种方式进行分类，不同分类方式没有对与错之分，只是我们看问题的角度不同，对事物的定位不同，或价值观不同。但对于同一事物的每一组分类，要采取同一种顺序结构，三种顺序结构不能交叉混用，而且要符合 MECE 原则。

第三节 呈现：形象表达做展示

结构思考力的任务是使我们的思路清晰，表达有力。表达有力的一个突出特点，就是观点、结论简洁鲜明，吸引人的眼球，打动人心。因此，我们尚需在表达的观点、结论上进行必要的修饰与“包装”，使其醒目、易记，并用形象化的方式进行呈现。如图 7-27 所示。

首先运用“结构罗盘”中的“配得上”，对大主题进行形象化展示和卖点包装的设计，通过对关键性的表达要点进行包装，让对方更容易记忆。如图 7-28 所示。

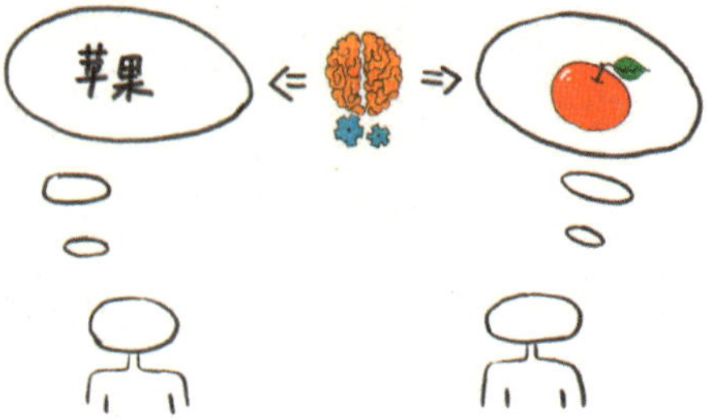

图 7-27　形象表达作展示

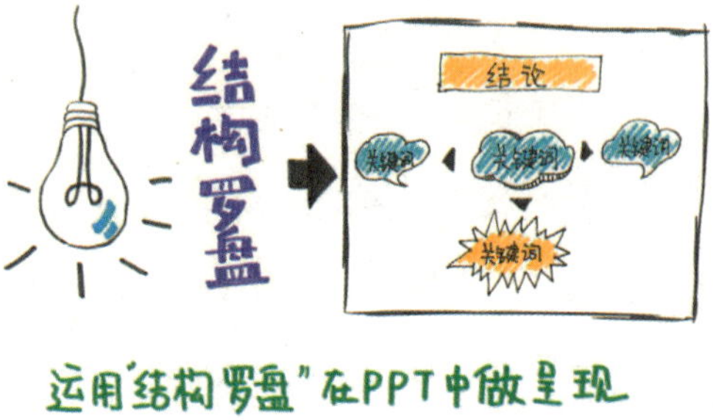

图 7-28　运用结构罗盘做展示

其次将金字塔结构图中的所有要点进行形象化呈现。无论是语言表达还是文字表达，都力求化繁就简，直观化，让听者或阅读者眼耳并用，提高表达的效果。因此，图像表达成为一种重要的表达方式，特别是在信息技术发达的今天，表达时结合幻灯片、PPT 等形式，已成为通行的手法。更有甚者，制作 3D 影片，使信息接收人能够身临其境地去体验、感受，成为表达的新方式。

PPT 包括文字和图表（图、表、示意图、照片等），说明演示文稿的框架结构、强调重要的思想、观点、结论、论点、建议、采取的措施等，用文字幻灯片；表达文字难以说清楚的数据、关系等，采用图表幻灯片。具体每页中的内容如何用图示方式表达，详见本书第六章中的方法，下面简单介绍几条结构思考力在 PPT 设计中的一些标准和原则。如图 7-29 所示。

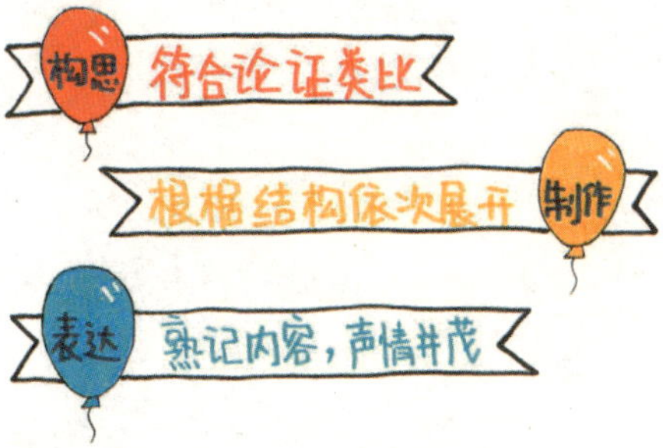

图 7-29　在 PPT 中运用结构思考力

（1）构思：符合论、证、类、比

一是结论先行。每一页 PPT 只表达一个观点，并出现在标题中，即每页 PPT 的标题都需要是具有中心思想的主题句。

二是以上统下。每页 PPT 的主题都需要是下面要点的概括。

三是归类分组。每页 PPT 中的要点，要相互独立、完全穷尽，不能有遗漏和交叉。

四是逻辑递进，每页 PPT 中的要点，都必须按照一定的逻辑顺序进行组织。

除此之外，文字幻灯片只应包含最重要的、经过适当分组和总结的思想、观点、论据、建议等，叙述时要简洁。图表要根据文字的内容选择，是内容的补充，不是单纯地美化演示稿，演示稿要图文并茂。PPT 幻灯片要有趣味性，要少而精，不是越多越好。

（2）制作：根据结构依次展开

① 无论制作何种内容的 PPT，都要首先对所要表达的问题进行结构分析，用笔画出其金字塔草图，厘清整个框架结构，形成清晰的思路。

② 制作序言。序言是整个 PPT 演讲稿的总括，中心思想、基本观点、演讲的意图等都在其中，所以序言不一定是一幅幻灯片，可以用几幅幻灯片进行表达。

③ 按照逻辑思维的方式将表达的内容依次展开，按照制作 PPT 的规则要求制作好每幅幻灯片。

④ 撰写文字稿。由于 PPT 上主要是有关观点、结论等性质的文字，许多要表达的内容并不在 PPT 上，所以有必要按照金字塔的结构与幻灯片的展开，撰写必要的文稿。

⑤ 完善 PPT 和文稿，熟悉熟悉再熟悉。演讲前，演讲人一定要结合 PPT 的放映，把所有要讲的内容（文稿）熟读几遍，牢记在心，做到在表达时脱稿讲。

（3）表达：熟记内容、声情并茂

PPT 只是视觉上的辅助手段，主要作用是让演示更加生动，听者感兴趣的还是你表达的思想、观点、结论、建议、措施等，终究还是看你的口才。我们采用 PPT 表达时，需要注意以下几点。

① 每张幻灯片上的文字应尽量简短，字号要适当大些，要醒目。表达时重要的不是去读上面的文字，而是对文字进行解释或论证。

② 演讲要声情并茂，人们期望在演讲中感受到你的激情，而不是枯燥无味地背诵。

③ 对表达的内容要熟练，牢记心中。很多人都认为自己可以脱稿演讲，事实上却常常回头看屏幕，这只会不断打断你的演讲思路，这也间接地告诉听众你根本就不理解自己要讲的内容，从而对你的演讲失去信心和兴趣。

④ 演讲就像讲故事。如果你的演讲比较长，那最好加入一些小故事、双关语和奇闻逸事等来串联整个演讲，同时也会帮助阐述观点。优秀的演讲者都知道怎样将小故事和要阐述观点联系起来，从而达到吸引观众的目的。

⑤ 结束前要做精练的总结。演讲对信息的传递并非理想中的那么强有力，所以在演讲结束时，仍要把结论进行概括，对结论的重复可以达到强调和加深记忆的效果。

第八章

透过结构看问题——无方案时，找到方案说明白

结构思考的方式不只适用于工作状态，在生活中合理地运用，可以摆脱琐事纠缠，让生活清爽，事半功倍。如果认识到这一点，就要在日常生活中有意识地培养结构思考力，不放过每一次处理事件的机会。日积月累，终能达到洞悉问题本质的目的。所谓洞悉本质：就是在诸多现象中找到核心点，看清楚问题真正的原因，并导出正确的解决方法。

解决问题既是一门科学，又是一种艺术。说其是科学，就意味着解决问题有经过验证的科学步骤和方法。说其是艺术，证明每个问题都有其独特性，只照搬固定的模式和工具是不够的，要根据问题的特点，灵活选择方法并加以组合。因此改变固有的思维模式，客观、系统、结构地思考才是解决问题的必杀技。在此之前，须反复强调“按流程解决问题”。只要抓住流程，作为问题解决者就已踏上了解决问题的正确道路。

1. 解决问题始于分析问题本质

分析问题本质，就是找到隐藏在问题背后的根本原因。若只关注表面现象，就不会发现导致问题的真正原因，就好比医生在诊断时需要根据症状做一系列相应的检查，才能确定病因，帮助病人治好顽疾。

分析的过程分为两大步。其一是将问题的现象层层拨开，露出问题的核心面貌。其二是针对核心问题，找到导致其发生的根本原因。

我们看病时，医生往往是从问诊开始，比如“你感觉哪里不舒服，感觉是什么样的，这种状况多发生在什么时间，这样的状况维持了多久”，一个有经验的医生在问诊的过程中就对病情有了大致的诊断。解决问题其实也是如此。对现象的观察和思考越深入，离问题的关键点就越近。而且，在对问题层层分解的过程中，也建立起对问题的初步判断，这就是假设。麦肯锡工作分析法的第一步就是“以假设为前提”，这个假设并不是凭空臆想的，而是基于分析和经验的。

原因就像现象一样，也会“障眼法”，要想发现根本原因就要练就一双慧眼。影响一个问题的原因包含表面原因、过渡原因和根本原因。表面原因需要及时处理，这样可以减少现象的发生，立竿见影。但是如果只处理表面原因，只治标不治本，经过一段时间，问题的现象又会重复发生。根本原因是导致现象出现的真正幕后黑手，欲将问题彻底铲除，必要除掉根本原因而后快。根本原因通常隐藏较深，且涉及面广泛，对根本原因的治理并非一日之功，因此要有打持久战和攻坚战的准备。过渡原因介于两者之间，无须过多关注，当根本原因被解决之后，过渡原因即可消失。

2. 找到解决方案才能药到病除

解决方案，即对问题进行系统分析后得出的解决办法，是一套用于减少或消除期望目标与实际现状之间差距的方法，它基于前期的问题分解和原因分析，由一系列针对根本原因而制定的方法组成，最终达到缩小差距的目标。在设计解决方案时，要充分考虑方案的有效性、可行性、可接受度和经济性。最后运用决策工具，从众多方案中选取最适合的一个。

（1）实施解决方案在于严格把控。

我们在解决问题时，很多时候把重点放在了找到问题的根源上，放在了获得必要的资源上，却认为实施不过是顺其自然、水到渠成的事情，所以往往忽视了实施。实施过程不仅要保持与解决方案设计时的一致性，也要保证在执行过程中，对整个项目进度和执行团队的管理。

（2）评估实施结果确保始终如一。

评估看似是针对结果，但事实上是贯穿整个过程的。其中包括对分析过程和方案本身的评估、对样本实施效果的评估，以及对真正实施结果即时和持续的评估。只有意识到评估在整体项目中的地位，才能设计出有价值的评估方案，最终真正让评估发挥应有的作用。

同样，运用结构思考力三层次模型，可以帮助我们运用结构化的方式找到问题的解决方案。如图 8-1 所示。

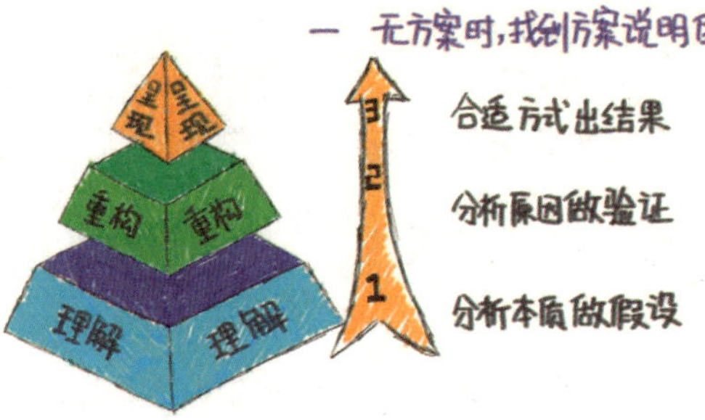

图 8-1　透过结构看问题

理解：首先要明确问题的现状和期望，并找到适当的问题切入点建立假设。

重构：根据假设对问题进行分解，并通过数据收集等方式对假设进行验证。

呈现：选择合适的方式输出问题的结果。

第一节 理解：分析问题本质并建立假设

步骤如图 8-2 所示。

图 8-2　理解：分析问题本质并建立假设

一、分析问题的本质

分析问题的本质，如图 8-3 所示。

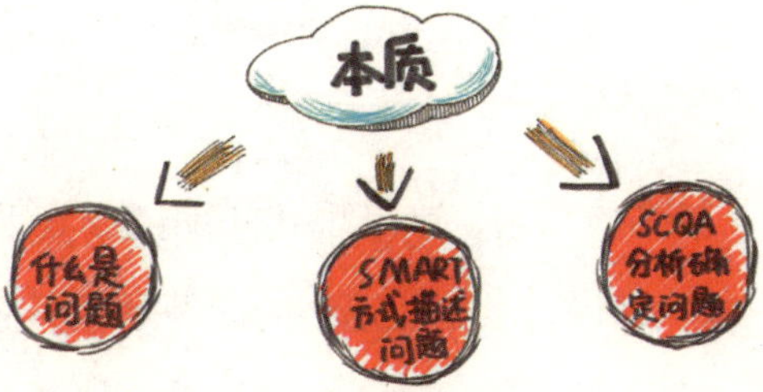

图 8-3　分析问题的本质

1. 搞清楚什么是问题

每个人每一天都被各种问题包围：

“如何搞定上司？”

“怎样完成工作绩效？”

“是否现在要买房？”

“要不要换份工作？”

“什么时间结婚生子？”

……

小到“今天出门穿什么鞋”，大到苏格拉底“我是谁，我从哪里来，我要到哪里去”的著名人生三问。尽管问题的迫切性和重要性千差万别，但都有一个共同点，即必须找到解决策略并实施以解决问题。而且，当一项解决策略被实施之后，就会产生无法改变的必然结果。正因为此，所以必须寻求正确的解决策略，即使需要延长前期分析和决策的时间，或者前期投入更多的资源，也在所不惜。

回到“今天出门穿什么鞋”这个问题。之所以产生这个问题，是因为出门时看到门口的鞋子不能满足今天的需要。有可能是今天天气的需要、场合的需要、身体状态的需要，或是和所穿衣服配合的需要。因此，“门口现有的鞋子”这个现状和“今天需要穿的鞋子”这个期望之间就产生了偏差。要消除这个偏差，就是要找到解决方案，即“今天从其他鞋子中找到合适的一双”。

所谓“问题”，就本质而言，就是现状和期望或者现状和目标之间的差距（见图 8-4）。举例来说，某企业遇到的问题是希望提升销售额。这就表明该公司目前的销售状况令人担忧，现有销售额的完成并未达到预期的标准。因此在提到问题时，提出者要很理智地问自己一个问题：我想要达到的期望值究竟是什么？这样的期望值是否合理？期望值的合理性也决定了问题是否有存在的必要。

2. 将 SMART 原则用于描述现状和期望

（1）SMART 是什么？

SMART 原则是目标管理的概念之一，是根据美国马里兰大学管理学及心理学教授洛克的目标设置理论在实践中总结出来的。所谓 SMART 原则（见图 8-5），就是：

① 目标必须是具体的（Specific）。

② 目标必须是可以衡量的（Measurable）。

③ 目标必须是可以达到的（Attainable）。

④ 目标必须和其他目标具有相关性（Relevant）。

⑤ 目标必须具有明确的截止期限（Time-based）基本程序。

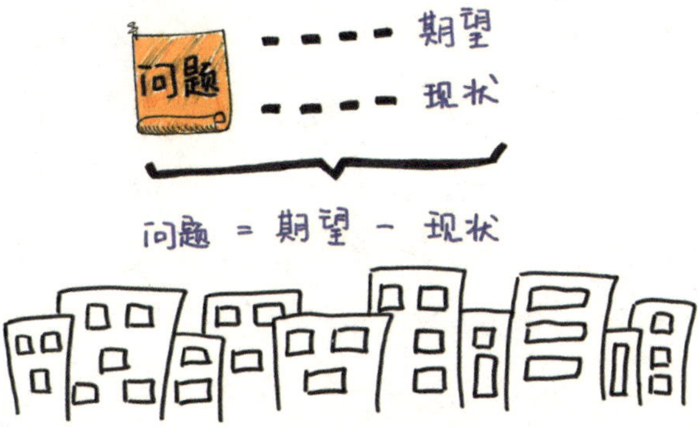

图 8-4　搞清楚什么是问题

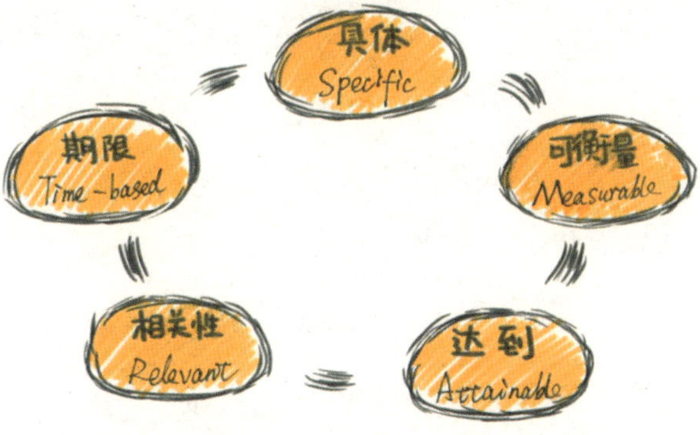

图 8-5　SMAT 方式描述问题

除了这个通常的解释之外，R 也可作如下解释：R 代表现实性（Realistic）。在此我们选用 R 的第二种解释。

（2）使用 SMART 描述现状和期望。

在确定问题时，我们借用了这个工具，并且将它进行了扩展。在描述现状时，要符合 SM。S 表示描述的现状要非常具体，通常包含时间、地点、涉及的人员、发生的背景、起因、发生了哪些现象等。M 表示描述要尽量量化，或者给抽象的事件赋予可以被度量的维度。

在描述期望时，要符合 SMART。A 表示期望是可以做到的，只要在对标行业内能够找到实现期望的标杆，就认为该期望是符合 A 标准的。R 表示期望是否和执行方的资源相匹配。很多时候，期望是别人可以达到的，但不是此时此地执行方能达到的。所以用 A 和 R 的标准来衡量，是为了保证期望的合理性。T 表示期望实现的时间。

通过一个例子，我们一起来体验一下该方法的作用。假如某企业遇到了一个问题是要提高销售额。我们首先要描述现状。现在的销售额是多少，是在什么样的基准条件下统计出来的，统计的方法论和过程是否经得起推敲，目前销售额的达成有哪些限定条件，遇到了什么阻碍。接下来描述期望。期望值是多少，它是怎么产生的（基于历史数据推算、基于行业标杆或者其他），它的产生过程是否符合逻辑（方法论是否正确、计算结果是否正确），期望值是否需要附加条件的支持，以及在什么时间范围内达成。当上述疑问都经过了思考之后，该问题就变成了在 ×× 时间之内，在现有条件不变的情况下，将销售额由 ×× 提升到 ××。

通过这个例子的分析，我们能感受到：只有当问题的描述越具体、数据越翔实，才能保证问题的确定越精准。

3. SCQA 分析帮助确定问题

我们能够发现问题，很多时候是因为看到了现象，之后凭直觉归结到一个问题。正确的做法是依靠脚踏实地地分析事实和数据，归纳出的结论才是问题。运用结构思考中描写序言的工具 SCQA，可以有效地确定和描述出问题。如图 8-6 所示。

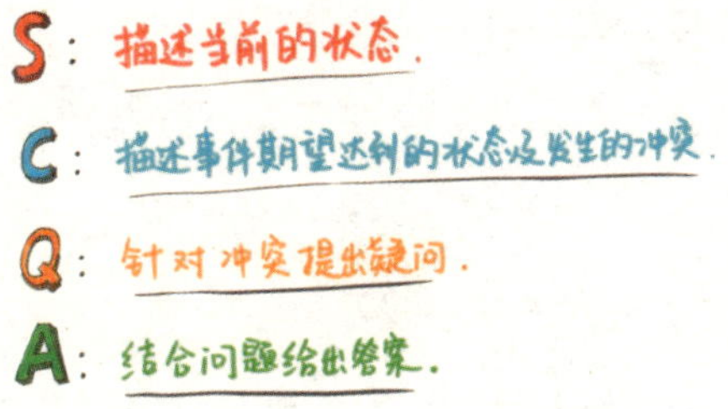

图 8-6　SCQA 分析确定问题

（1）SCQA 使用的四步骤。

用 SCQA 方法时，可以遵循这样的四个步骤。

① 描述当前的状态，即 S。这里的描述要尽量具体，比如时间、地点、当事人、发生了什么现象、现象发生到什么程度。

② 描述事件期望达到的状态以及发生的冲突，即 C。C 是问题或障碍，是因为现状和期望产生了落差。这个落差并非只是不良状态，也有可能是因为超过预期，证明这或许是一个千载难逢的良机。

③ 针对冲突提出疑问，即 Q。这个过程是确定去解决什么，是把冲突聚焦为待解决问题的过程。

④ 给出问题可能的答案，即 A。基于问题思考假设的方案，如果是简单问题，这时 A 可以很容易获得；如果问题所处的情境过于复杂，就要经过仔细分析找到关键要素并建立假设，此时的 A 不用急于给出。

（2）利用序言讲故事的方式找到问题。

为了让读者更好地了解这种方法，接下来我们通过一个生活中的真实案例来分析。这是一位因面对是否买学区房而左右为难的家长。

① 描述当前的状态。

目前小学入学原则发生了变化，以户口所在地划片就近入学，且户口在该学区满 3 年。工薪家庭，孩子 3 岁，所住房子及户口均在不理想学区，需要提早考虑就学问题。

这是家长面临的当前状态，其中涉及入学政策、家庭状况（房子不在学区，且为工薪家庭）。用具体、写实的语言描述出来。

② 描述事件期望达到的状态以及发生的冲突。

因为学区房是稀缺资源，所以价位都很高。如果购买学区房，会严重影响家庭整体生活水平。如果在不好的学区就读，担心会影响孩子未来学习的发展。

在这个步骤中，提到了两个冲突。一个是学区房虽好但价格超出了正常承受的范围，另一个是在不好的学区校就读对孩子产生的负面影响。所以家长的期望是：在不降低现有生活水平的前提下，同时保障孩子的学习质量。正因为期望和现实之间的偏差，导致了冲突的发生。

③ 针对冲突提出疑问。

因为经济状况不允许，放弃买学区房。在无学区房的前提下，如何保障孩子受教育的质量?

在这个步骤中，家长分析了自身情况后，首先排除掉一个冲突，即购买学区房；因此问题聚焦到“不买学区房，如何保证教育质量”上。

④ 给出问题可能的答案。

a 选择家附近的高品质的私立学校。

b 上普通的学校，平时投入更多的时间和资源，让孩子参与课外活动和补习班。

c 上普通的学校，家长给予更多的关注，并亲自监督和辅导孩子的功课。

这是个背景信息并非错综复杂的问题，根据常识就可以给出可能的答案。但在实际应用中，为了避免主观臆断产生解决方案的偏颇，还是要进行细致的分析和周密的验证的。

SCQA 法，是一种能有效发现问题并聚焦问题的思路和框架。将 SCQA 法和 SMART 方法做好融合，就能提高确定问题的效率。

二、找到问题的切入点

解决问题的流程有其重要的理论背景，用流程考虑可以避免遗漏。在这个流程中，第一步也是最关键的一步。如果在第一步发生偏差，即找到的并非本质问题，那么后面完成得越出色，就和解决问题的初衷越背道而驰。没有受过专门训练的人在发现本质问题时都会有缺陷，可能是固有心智模式，或是关注局部忘记总体，抑或主观猜测。因此要想发现本质，就要关注整体、客观，运用系统化、结构化的新认知方式。这一点说起来容易，实际运用中会遇到大障碍。为此从本节开始，我们将着重介绍如何分析问题本质。如图 8-7 所示。

图 8-7　找到问题的切入点

从认知的角度讲，我们看待事物都要经历从“理解”到“重构”再到“呈现”的过程，分析问题也不例外。当我们界定清楚要解决的问题之后，往往对于复杂问题还是会感到千头万绪、无从下手。就好比我们去看病，现状是头痛，但头痛背后隐藏的是高血压头痛、神经性头痛、颈椎病头痛或其他原因头痛等几种可能性。根据问诊的数据和经验找到一个切入点并作为需要验证的假设，之后做检查得到的数据就是为了验证这个假设的。如果确定是高血压头痛，做原因分析就要找到高血压的原因，是原发的还是其他疾病诱发的。所以做检查也是分步骤的，是为不同目标服务的。如果作为医生不建立假设，对所有的可能性都去验证，既浪费时间又浪费资源。同样在解决问题时，与差距（现状和期望之间的差）相关的节点都可能是影响因素，这时也需要根据前期数据的分析，把节点聚焦到少数的一到两个作为切入点，建立合理的假设。这个过程就是对问题进行深入的理解。

1. 合理运用框架以选择切入点

抓住本质问题，就要从大处着眼，从小处着手。所谓大处着眼，是要考虑问题的整体。比如我们考虑自己公司的经营状况，这就离不开全球的经济形势、国内的经济环境、行业的政策和走向、上下游行业的发展态势、竞争对手的动向、消费者行为的改变等。所谓小处着手，就是要落到关键点。经过前端的分析，将问题聚焦到某些切入点上。

要借鉴适合的框架。

如何能将问题层层分解，找到关键点呢？前人经过多年实践，总结出很多成熟的“框架”，我们只需找到问题所对应的框架套用即可。在讨论企业经营问题时，运用最多的框架是这样的几个：分析业务战略的 3C（也被称为 4C）模型，进行行业分析的“五力”模型，分析组织策略的“7S”模型，拟定营销策略的“4P”模型，有关利润的模型，等等。在这里我们一起分析一个案例。

A是一家经营小商品的店铺，坐落于旅游一条街上。和同地区的类似店铺相比，本店的销售额中等偏上，但几乎没有利润（员工奖励是和利润挂钩的），因此员工的士气不高，员工流失率很高。在这个例子中，问题引发的现象有三个：销售额尚可但利润低、员工士气低、员工流失率高。首先来看看三个现象之间的关联性。员工离职和员工士气低都是由激励差造成的、激励差是由店铺无利润造成的，因此三个现象都可归结为无利润这一点上，问题就确定为如何提高利润。接着就要讨论利润的构成，可以借鉴利润的模型：利润＝销售额－成本。在这个例子中，跟同行业对比发现，销售额并不是本店最大的问题（尽管销售额也可以提升），要想提升利润就要从削减成本入手。成本是由固定成本和可变成本组成的，接下来就要把所有成本科目列出，判断其中哪些是可控的，哪些是不可控的。从可控的成本项中首先选择占总成本比例大的进行分析，从而选择一个作为切入点。分析到这里，这个问题成功完成了转化，即如何提高利润变为如何控制某项成本。分解到这个程度就足够了吗？其实未必。分解得越深入透彻，接触到核心问题的可能性就越大。如果在这个环节没有充分挖掘，接下来做原因分析时就要重复这项工作。为了便于找到切入点，适当了解一些常用模型是有必要的，或者在进行此步骤时，有意识地参考一些模型。

2. 无框架时，用MECE法建框架

对于那些没有现成框架可以借鉴的问题，需要遵循的方法就是用MECE工具进行分解。“将事物进行分解，用结构去理解全体”正是MECE方法的思考精髓。运用MECE方法搭建的框架可以分为三种。第一种是流程框架，即把事物按照发展脉络的先后顺序进行分解。第二种是逻辑框架，将分析对象按逻辑进行分解。第三种是矩阵框架，即使用纵轴和横轴将分类后的两个独立变量搭建出矩阵。

在此我们来看一个例子。某企业的项目审批进度总是超预期，如何改进流程、加快审批进度就成为亟待解决的问题。我们首先要把流程列出来，用 MECE 的标准衡量有没有哪些步骤出现了重复或嵌套。列出每个流程的耗费时间，并判断哪些步骤是可控步骤，哪些是不可控步骤。在可控步骤中选择占时最长的环节，这个环节就是我们选定改变的切入点。没有框架的问题中，可以用流程进行分解的问题占较大的比例。

框架是为解决问题服务的，千万别为了框架而框架。有些问题貌似可以借用某些框架，但当我们分析之后才发现并非如此。例如，有一个生产原材料的企业试图进入一个新市场，因此需要预测市场的容量和前景。这似乎是一个市场进入的问题，很容易想到应用“五力”模型。事实上，不需要运用“五力”模型分析整个行业，只考虑这个原材料制成的终端产品的市场大小就可以。因此在确定问题时要清楚每一种框架的定位是什么。只靠分析问题的工具不足以解决问题，如何将科学的方法艺术性地运用，才是解决问题的真谛。

3. 建立假设

从分析行业数据、企业数据开始，然后以分析框架为基础进行思考。分析之后整理出来的资料，就是我们所说的假设。如果假设某行业成长趋缓，处于发展的下行通道，那就应该考虑适当减少这个行业的新增投资。“行业下行通道”其实是一个假设，如果要采取减少投资的策略，就必须验证假设的真实性。因此需要进一步地收集证据、分析证据。如图 8-8 所示。

比如有一家电力工程公司面临的问题是市场占有率太低，因此希望提升市场占有率。很多员工抱怨：由于品牌知名度不够以及价格太高导致项目很难拿到，因此市场占有率低。真的是这样吗？

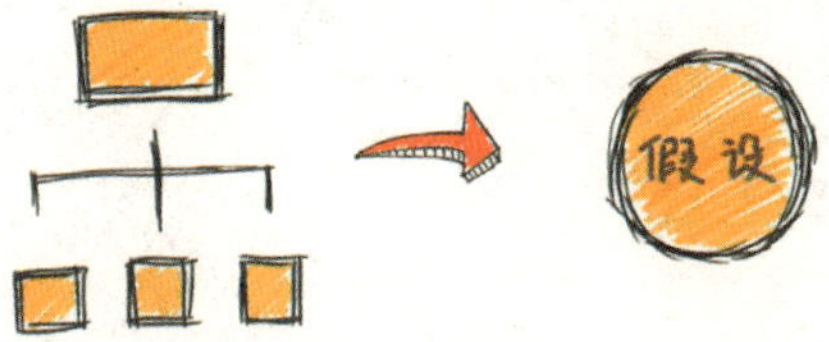

图 8-8　建立假设

通过行业分析发现，该工程公司的业务主要以项目投标的形式获得。因此市场占有率可以通过参与投标率和中标率相乘获得。

即：市场占有率 = 参与投标率 × 中标率

目前该公司的参与投标率为 50%，中标率为 10%，因此市场占有率为 5%。如果提升市场占有率，就可能从参与投标率和中标率两个方向努力。看到上面两个数字，相信大家从直觉上会认为需要提升中标率。“提升中标率”就是解决此问题建立的假设。直觉判断只是依据两个数字的绝对值以及边际效益的概念，但实际上更关键的是看相对值。这个问题中的相对值是指与行业的平均水平做比较。10% 虽然很低，如果行业的平均值是 6%，对于这个公司来说提升本身就有难度。行业分析和比较的过程，就是收集证据验证假设的过程。

第二节　重构：分析问题原因并结构化验证

在麦肯锡的三条核心工作原则中，有两条都是与验证假设相关联的。它提出“以事实为依据”并通过“完全的结构化”方法进行验证。通过这样的验证过程，判断我们假设的问题架构是否合理，是否与环境及客观世界相吻合。如果不吻合，我们需要调整假设，并重新验证，直到看清问题本质。如图 8-9 所示。

图 8-9　重构：分析问题原因并结构化验证

一、收集并处理证据

1. 收集证据

收集证据，绝不是简单的随波逐流、漫无边际地搜寻，收集证据是为了验证假设的真实性，因此要有的放矢。如图 8-10 所示。

图 8-10　收集并处理数据

收集证据的第一步是明确目标。无论在什么情况下，当开始一项工作时，首先就要清楚地知道其目的和背景，否则就会犯方向性错误。做到这一点，就能理解整体状况，从而提高效率。另外需要对信息来源很清楚，也就是搞清从何处获得证据，这样才能提高工作效率和质量。具体的收集方法包括：访谈、问卷、调用企业内部系统数据、查看地区经济数据及网络搜索。

我们继续上一节中的案例讨论。对于电力工程公司而言，首先要获得全行业的数据：比如行业参与投标率的平均水平以及中标率的平均水平，以此推算哪一个有提升的空间和提升的幅度。同时要进行公司内部的数据调研，找到每一个项目组的中标率和中标项目特点及中标优势（价格优势、关系优势、技术优势、服务优势、品牌优势）。最后需要汇总每一个地区、每一个项目组的数据。

2. 分析证据

最近网上流行一篇文章，讲大数据时代，就是女性的时代，女性在基因里就会计算大数据。实际上，女性未必计算大数据，但都是证据分析的高手。女人最卓越的能力是长期追踪一些看似不重要的数据，形成自己的“基准线”和“模式”。一旦这些数据点的模式显著不同于她所熟悉的基准线，她就知道反常。女人在日常生活中不考虑什么因果关系和相关性的区别，她们信奉的原理就是：“事出反常，必有妖”。

一个女孩 A 暗恋男孩 B，但通常不直接联系，过了两天问她要不要叫他一起吃饭，她说，他正在打球。她怎么会知道？她说，男孩 B 平时是早上 8 点在 Gmail 邮箱上线，8 点半呈现 Away 状态，这是他出去买咖啡早饭了。9 点再次上线后 Busy，这是在工作，12 点半再次 Away 就是午餐，晚上一直在线，可能是读文章或打游戏。其哥们儿 C，早上十点上线，全天在线，然后夜里 2 点还在线上，这是一个晚睡晚起的男生。其另一个哥们儿 D，全天 Busy，但是大多数时间都在。但是重要的一个模式是，每星期有 2 ~ 3 天，他们一起离线或者 Away 3 ~ 4 小时。结论：他们在一起打球。

这个例子中的女孩看似很神奇，其实只要遵循一定的分析方法就可以做到。有价值的证据分析究竟是如何得到的？最初会收集很多数据，看似杂乱无章、毫无关联。将数据进行分类，找到本类数据的规律；用专业点的话讲就是通过统计找到分类数据中的基准。找到类与类之间的关联。对比数据不同点得到结论。所以选取分类标准进行分类就成为分析证据的关键。难怪有人定义分析是把看似毫无关联的数据进行分类比较的过程。

在电力工程公司的案例中，我们将所有的公司内部数据进行比较，如果所得到的结果是各类项目并没有明显的差异，单是有些项目组的中标率很高（比如 30%），说明并不是公司总体技术和品牌的问题，也不是项目选择的问题。如果上面三项出现问题，不会出现中标率相差 3 倍的现象。但是如果只有一个项目组中标率高，有可能就是特例，需要再分析这个项目组的价格优势和关系优势。分析过数据之后，还需要对中标率高的这些项目组进行访谈，找到他们中标的核心优势及共通方法。在此不要忘记对中标率不太好的项目组也要进行访谈，通过对比，才能验证中标的核心优势和共通方法在什么样的项目上或在什么情况下可以被推广。在这个项目中，通过分析找到了问题的关键：投标书中技术方案的描述以及讲标中的呈现能力成为决定项目成败的核心。事实证明加强对这两方面的培训就能取得很好的结果。

二、结构化验证

无论是用五分钟阐述清楚问题，还是要细致论述问题的推导过程，背后依据的逻辑都是金字塔结构。如图 8-11 所示。

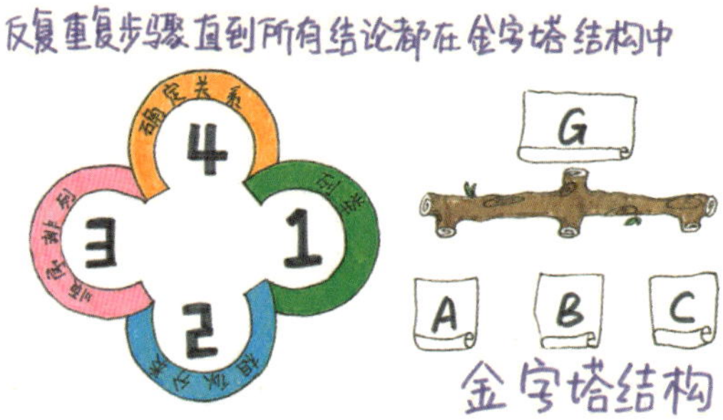

图 8-11　结构化验证

在组成金字塔的每一层级中，呈现的都是独立的结论和主张。完成问题金字塔结构搭建时，遵循下面的 5 个步骤进行会更有效率。

（1）列举主张经过证据的收集和分析，将导出的结论、主张列举在一张纸上。

（2）相似分类将纸上的结论、主张根据主题的类似性作分类。

（3）顺序排列将同一类型的结论、主张按顺序排列。

（4）确定关系通过因果关系分析，找出上下层级，将导出的结论、主张放在上一段的位置。把有因果关系的主张或结论分别放好，原因放在下面，结果放在上面。属于同一过程中的项目，再依步骤排列。如果这些项目属并列关系，则根据时间（过去、现在、未来）、数字大小（营业额大小等）、地区（从北到南）、重要性（战略、流程）等做排序，进行横向结构展开。

（5）反复重复上面的步骤，直到所有的结论都出现在金字塔结构中。

在按此步骤操作之后，需要进行二次确认。可以运用我们谈到的自上而下提问回答的方式进行补充，判断思考的维度是否完整。同时在找到的因果关联中，也要通过自下而上归纳总结的方法判断结论是否有充足的理由做支撑，以及理由是否可以归纳出新的结论。

应用金字塔结构法，最后一定能够导出有信心认为是绝对正确的结论。如果信心不足，就表示逻辑结构出了问题，或者印证假设的数据或证据不够齐全。

第三节 呈现：选择合适的方式输出结果

如图 8-12 所示。

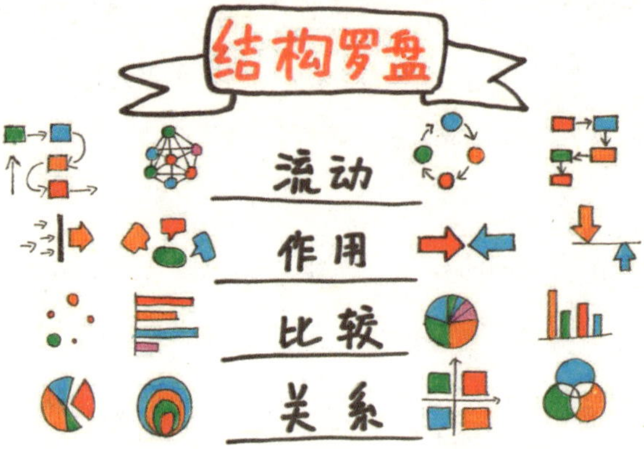

图 8-12　呈现：选择合适的方式输出结果

一、证据图表化

在试图说服对方时，与使用语言相比，使用数字能够提高理解度；与使用数字相比，使用图表更能使呈现结果一目了然。证据图表化的目的并不仅仅是提高对方和自己的理解度，最终目的是要解决问题。通过绘制图表能够促进分析，有助于理解所发生的情况，从而便于找出本质问题所在。

在做证据分析时，会涉及各种数字，如销售额、销售成本价、边际利润、利润等。如果只是列出这些数字，面对如此种类繁多、数量浩瀚的数字，会让人感到摸不着头脑，而实现了图表化后，事物变化便一目了然，自己和对方都容易理解。比如连续几年的销售额对比，可以用折线图或柱状图的方式表示。利润可以用饼图（销售额占比）表示。

图表能在短时间内传播大量的信息。读文字需要花费很长的时间，而图表只要看一眼就可理解其内容。此外，图表能够给人留下更深的印象。人们往往会对眼睛看到的、通过视觉获取的信息产生留下更深刻的记忆。

图示化是一种非常便利的表达方式，利用图示化既可以清晰整理、汇总自己的想法，也可以简单易懂地传达给对方。比起单纯用文字及语言传达信息，图示化通过直观的表现手法将各要素之间纷繁复杂的关系呈现得一目了然，从而能大幅加快对方对内容的理解速度，提高对方效率。再清晰的思考过程也是非显性化的，通过图示化，可以将思考过程“视觉化”，便于别人了解思考的全过程。

二、呈现选择合适的方式输出结果

金字塔结构本身就可以是一种呈现结构，但图示化的目的不仅是表达清晰，更要赏心悦目。如何建立个性化且美观的图示风格可以参考我们在呈现部分传授的方法，更重要的是通过不断地实践和积累，总结自己的特点。呈现没有标准答案，差异化也许就是对最好的呈现方式的诠释。

第九章

透过结构看共识——帮团队找到方案说明白

“世界上最痛苦的事情，莫过于自己结构化了，而身边的人都不结构化”，昨天有学员在群里发了如此的感慨。没错，结构思考力对企业特别重要的意义在于，在一个组织中所有人都具备后，通过管理沟通语言的统一而提高整个组织的管理和沟通效率，相对于培养每个人都具备结构思考力这一系统工程，还有一种更简便的方式，那就是作为团队的管理者在组织内部，让团队的表达更加清晰结构化，从而让会议讨论时能够快速地达成共识。

下面的场景是否觉得非常熟悉?

场景 1：会议讨论时，很多人自说自话，大家完全搞不懂互相之间在说什么。

场景 2：有人的发言总是没完没了，让参会的人摸不着头脑，不知道他到底在说什么。

场景 3：会议结束的时间眼看就要到了，但面对一团糟的讨论内容，不知道该如何汇总和总结。

究其原因是很多参会人在表达时不具备一个清晰的结构，即使是每个人的表达都非常结构化了，但往往也会因为互相之间没有统一的看待问题的结构和框架，而导致最后无法达成共识。

本章“透过结构看共识”，更像是结构思考力的团队版或者管理者版内容，教你在组织中贯彻实践结构思考力，团队讨论时，可以帮助参与者理清表达思路，让大家的讨论朝着正确的方向发展，引导团队快速达成共识并找到问题的解决方案。本章内容是在结构思考力三层次模型核心理念的基础上，分别从理解、重构、呈现三个方面，教你如何运用结构思考力帮助团队找到方案、想清楚，说明白。如图 9-1 所示。

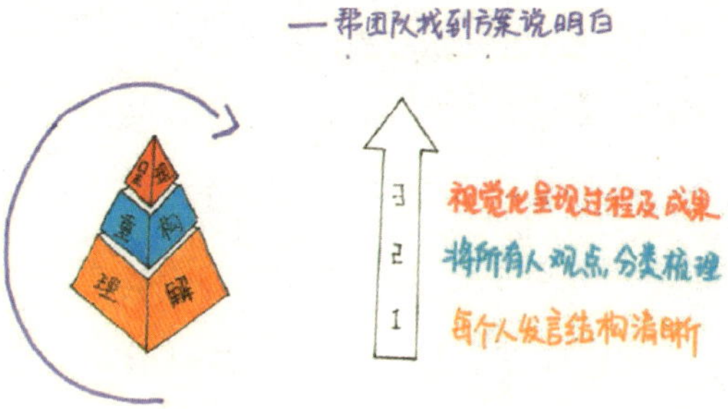

图 9-1　透过结构看共识

1. 理解：让每个人的观点结构清晰

讨论能够达成共识的基础是，每个人本身的观点有着清晰的表达，通过识别、判断、概括三个步骤的运用可以帮助每个人整理出清晰的表达结构。

（1）识别：人们在口头表达中，往往没有清晰的结构，对此，作为管理者需要帮助他们言简意赅地表达出核心观点和依据，并通过引导和反馈的方式不断地促进其发言走向正确的方向。

（2）判断：然后运用结构思考的核心原则去判断对方思考结构的合理性，并在纵向结构与横向结构等方面通过提问的方式，让每个人的发言结构清晰，符合逻辑。比如纵向上依据是否能够支撑结论，横向上各个观点之间是否符合 MECE 原则，做到了清晰全面。

（3）概括：运用精练、简单的方式与发言者确认是否是其表达的意思，当大家互相之间都运用同样的方式来进行思考和发言时，可以使得互相之间更容易理解。

2. 重构：将团队所有人的观点重新分类梳理

当你通过上面的努力，让所有人的发言都清晰结构化以后，要做的就是对大家的观点进行归纳整理，具体的方法跟自己整理思路类似。

（1）纵向结构分层次：纵向结构分层次，同样包含了自上而下与自下而上两种方法，不同的是作为管理者更多地要以问题的方式，引导大家保证总体内容的纵向连接是顺畅的。

（2）横向结构意见分类：分类时同样包括开放式分类和封闭式分类两种，在透过结构看共识中，封闭式分类往往发挥着重要作用，甚至在一开始的时候，就选定了某个特定的结构开始讨论。

（3）基于整理得主题：当所有整理完成以后，重构的最后一个步骤就是得出结论。

3. 呈现：视觉化呈现过程及成果

与之前几章内容不同，呈现部分往往是对最后的成果进行展示，而在共识部分的应用不但要对成果进行展示，更重要的意义在于通过视觉化的方式，让大家可以看到讨论的内容，从而有效地推动讨论的进度。

第一节 理解：让每个人的观点结构清晰

然而在大家实际的讨论过程中，往往不能向他人明确地表达自己的观点和内容。作为讨论的组织者，需要将大家这种含糊不清的观点，变得更清晰明确，并用简短的语言概括出发言的核心要点，使其他人都能够进一步明确互相之间的意图。如图 9-2 所示。

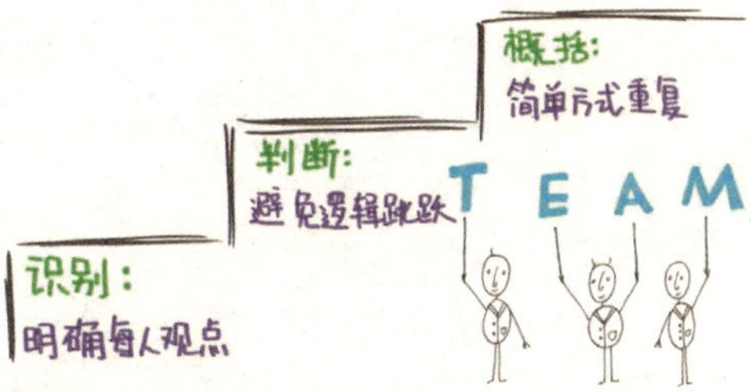

图 9-2　理解：让每个人的观点结构清晰

一、识别：明确每个人发言的观点

首先要明确每个人发言的论点，并且是围绕主题进行没有偏离主题的论述。如果不是观点就不能明确发言者的本意，如果不能围绕主题论述，即使接下来概括得再清晰全面，也无法能达成有效的结果。所以我们要分别从主题、纵向结构和横向结构三个方面，让对方明确思路和发言。如图 9-3 所示。

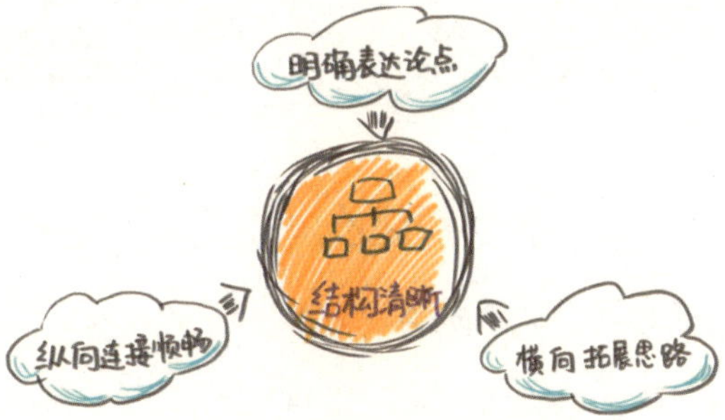

图 9-3　识别：明确每个人发言的观点

很多男同胞们都或多或少有这样的问题：面对女孩不知该说什么。

举个例子，你跟一个 MM 吃饭时，她一直在滔滔不绝讲工作中的那些难以应付的事情，对此你既不了解也没兴趣，没有经验的话一下子就会愣在那里，除了安慰，觉得说什么都不合适了。没关系！有结构可以帮你解决问题。你可以问她："既然工作压力这么大，那同事之间的关系紧张吗？"（这其实就是在不动声色地运用横向结构转换话题），她立刻就又讲起办公室里的钩心斗角。于是，你再从她的故事中发掘她没有同流合污的那部分予以强调，从一些琐碎的事情归纳出她的一些性格，比如不为五斗米折腰什么的（这个属于自下而上的纵向结构）。然后抓紧时间，再从自己的性格中找出和不为五斗米折腰相似的那部分（横向结构），然后讲自己的童年经历对自己的这种性格形成的影响（自上而下纵向）。到后来，她就会开始滔滔不绝跟讲起她的童年经历（横向结构），最终这顿饭会吃得很开心，并且 MM 始终感到备受关注。

1. 帮发言者明确表达论点

所谓论点，是指发言者所持的观点，在结构思考力中的论点就是真实性需要加以证实的判断。它是发言者对所讨论的问题提出的见解、主张和表示的态度。它应该是整个发言内容的核心，决定着在讨论什么，可以明确地表达发言者赞成什么，反对什么，是一个意思明确的陈述句。同时一个高效的会议讨论，不仅仅要明确的观点，而且要能够围绕一个统一的主题进行讨论。

首先是一个明确的论点。令人遗憾的是往往有很多人在发言过程中，尽管言辞滔滔不绝却没有明确的论点，作为主持人需要以提问的方式帮助对方进一步澄清或修正自己的论点。比如大家在进行“是否应该引进 IT 高端人才”的问题进行讨论时。

发言者：我们应该参考竞争公司的操作方式，而且想找既熟悉咱们行业又具备 IT 方面战略思维的人才不是很容易……

这时我们需要打断这种长篇大论、滔滔不绝的发言，因为他并没有明确给出论点，到底是否该引进人才，就开始没完没了的各种论述。我们可以引导对方回到主题上，比如选用如下方法。

主持人：嗯，你说的非常有道理，同时目前咱们讨论的主题是，是否应该引进 IT 高端人才，所以你的观点是？

其次，该论点不能偏离主题。当讨论过程中有人偏离主题时，作为主持人要出面对偏离的论点和意见进行修正。

发言者：这是本项目的已用成本和总体成本的明细……

主持人：我们目前讨论的主题是如何让双方在价格上能够达成共识，我确认一下你的发言是围绕这个主题吧？

通过对论点的确认，可以使发言朝着一个正确的方向进行，并极大地提高讨论的效率和质量。

最后，避免出现模糊不清的词语。当发言者使用了模糊不清的词语时，作为主持人可以通过提问让其用明确的词语进行澄清。比如以下情况。

发言者：中期业务将以网络产品和软件为重点。

支持人：嗯，网络产品具体指的是哪些？

在日常的表达中有大量模糊不清的词语，不能够清晰明了地表达观点。比如我们曾经在课程开发过程中讨论如何在台上演讲时，有同事会提到正确的手势、适当的站姿、适宜的着装、合适的移动……你会发现有些表述尽管是观点类的语言，但因其模糊不清就算是说完，对方也不知道到底该如何演讲，作为主持人在遇到类似这种不清的词汇时要及时提出疑问，使发言者的表达具体化。

发言者：目前我们团队的主要问题是互相之间的沟通不足。

主持人：沟通不足的表达，是不是不太明确，具体指的是什么？能举些例子吗？

2. 纵向结构确保连接顺畅

在各个企业培训中，经常有学员跟我抱怨他的领导特别没有耐心，而且特别不友好，每次在汇报工作时都会不断挑战他的观点。而我从领导那边得到的反馈却是，这家伙特别不靠谱，每次提交方案都天马行空拍脑袋说，一问具体依据和理由什么都没有。正如本章开篇中所提到的一样，“以说出故”，在思考和表达的时候不但要能说出结论，必须还要说明这个结论的理由，有了理由的结论才能成立。所以确认论点后，接下来的任务是要让发言者的论点、理由都能够以上统下。可以采用“所以呢”或“为什么”等问题来引出。

（1）结论：用“所以，怎么样”导出主张

这个技巧非常实用，你可以想象一下，在会议讨论时一个发言者在那里不停地说呀说，说个没完的时候，你只要不断地问他一个问题就可以了。“所以呢？”其实你是在逼着他导出主张和结论，当然这个问题不太适合问上司。跟此问题类似的问题，参考如下：

那么，你的想法是？

所以，怎么样？

那么，你想说什么？

所以，你想表达什么呢？

……

例如：

发言者：内部子公司竞争内耗大……

主持人：那么，你想说什么？

发言者：我想说，这种内耗导致的基础设施重复建设造成了资源浪费……

主持人：所以，怎么样？

发言者：很明显现有的管控模式无法有效落地。

主持人：那你的意思是？

发言者：我建议公司应该加大资源投入提升一体化管理水平。

主持人：哦，我明白了。

（2）理由：用“为什么”引出理由

在会议讨论中，经常会听到很多发言结论非常明确，但完全没有拿出任何依据和理由，对于这种表达我们很难判断其合理性。就像每天在网络上有大量的言论，到底该如何判断这些言论的合理性呢？有一种做法是你感觉它是合理的或感觉它是不合理的，当然这种方法明显不太理性。判断一个观点合理性与否不仅仅取决于这个观点本身，还要取决于对方拿了哪些依据和理由支撑他的观点。所以在讨论时主持人的任务是要引导发言者说出每一个结论的依据是什么，当对方的表述中没有依据时，可以用“为什么”的方式导出依据来。

参考如下。

主持人：为什么你会这样说呢？

主持人：很有道理，同时你的依据是什么？

主持人：你这样想的理由是什么？

主持人：为什么会有这样的结论呢？

当然，第一次提问时，如果没有得到充分的依据还可以进一步询问“为什么”，指导找出背后的依据为止。

参考如下。

发言者：我们要优化现有的配送方式提高企业客户体验。

主持人：为什么？

发言者：现阶段的配送方式企业客户体验不佳。

主持人：你的理由是什么？

发言者：现有方式货物不能及时配送到客户处。

主持人：为什么会有这样的结论？

发言者：因为目前客户区域分布比较分散，现有网点无法覆盖。

主持人：哦，好的，明白了。

（3）事实：引出理由背后的事实

上面我们分别通过理由导出结论，通过结论导出理由，那么下面的场景是否也很常见呢？

发言者：现有营销方式效果不明显。

主持人：哦，所以呢？

发言者：所以，我们应该加大广告投入。

虽然成功的导出了结论，但是想要大家信服这个观点，还想要找出支撑“现有营销方式效果不明显”的事实作为支撑，我们可以参考从结论导出理由的做法，再进一步向下导出事实来。参考如下。

主持人：能介绍下营销方式效果不明显的具体数据吗？

当然，并不是发言者所有理由的背后都能有明确的事实作为支撑，同时有无事实支撑，是未来评判其观点合理性的重要参考依据。

3. 横向结构拓展其思路

由于人们思考结构的局限性，造成很多人看待问题的视角是不客观和不健全的，而这些都是在无意识的情况下发生的，我们甚至对这种自身的局限从未察觉过。造成这样的结果是因为很多人下意识地收集很多可以支撑自己观点的理由，也常常导致由于视角偏颇而造成的思考和表达的不准确。

如果发言者思考问题的视角出现偏颇，主持人应该用问题的方式，从横向结构的角度扩展其思路。参考如下。

主持人：你有其他观点吗？

主持人：除了你说的这方面以外，你觉得还有哪些原因？

主持人：你觉得增加 ××× 这个方面怎么样？

注意在扩展其思路时要注意，各个视角之间的关系。比如是否属于同一种分类方式，是否符合 MECE 原则等。

二、判断：避免逻辑跳跃，使其更结构化

尽管在上一步中，我们已经对发言者的结构进行了梳理和扩展，但由于大家习惯了感性的表达，往往得出的结构也未必是一个有效的结构。其中最主要的一个问题是要判断，刚才的结论是否能够被理由和事实所支撑和证明。

同时还有可能存在擅长结构思考的人，可以很容易找到支撑自己结论的理由和事实并清晰表达出来，这时往往让那些不擅长结构思考的人哑口无言人云亦云。但是我们并不能排除不擅长结构思考人的结论有可能也是非常棒的结论，只是不能有效地传递出来而已。如图 9-4 所示。

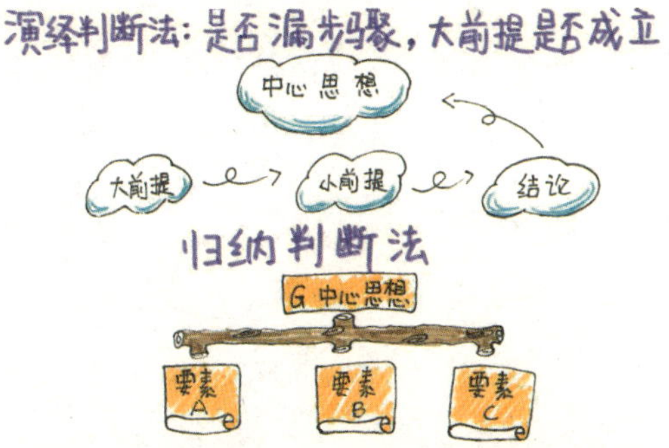

图 9-4　判断：避免逻辑跳跃使其更结构化

1. 演绎判断法：是否有漏掉步骤、大前提是否成立

因此作为主持人需要对大家的发言结构进行逻辑判断，尤其引导发言时要避免出现结论和理由之间出现逻辑跳跃。

发言者：他在学生时代一直是学生会主席，所以他适合做项目负责人。

对方明显忽略了，为什么做过学生会主席就适合做项目的负责人，此时作为主持人需要帮助他找所忽略的理由。

主持人：为什么做过学生会主席，就适合做项目负责人呢？

发言者：因为学生会主席的综合能力比较强。

主持人：嗯，所以你的观点是综合能力强，所以适合做项目负责人吗？

这是个典型的运用演绎的方式来，判断和检验对方表达的例子。

大前提：综合能力强的人，适合做项目负责人。

小前提：他做过学生会主席，综合能力强。

结论：他适合做项目负责人。

这是典型的演绎三段论，从普遍性理论知识出发去识别特殊现象的一种论证和推理方法。在结构思考力之前的论述中，已经对演绎论证进行了深入的讨论。在此不再赘述，重点关注下，作为主持人该注意哪些方面，帮助发言者理清楚表达的逻辑结构。

在发言者运用演绎论证时（当然，有可能他自己不知道他正在用的就是演绎），经常出现的一个问题就是不能从前提中推理出结论来。举例如下。

大前提：所有福特汽车都是汽车。

小前提：我有一辆汽车。

结论：因此，我有一辆福特汽车。

该段论证完全不合逻辑，主持人需要时刻抱着一种怀疑的态度，“是那样吗”去审视大家的发言。

2. 归纳判断法：着眼于错误的共同点

很久之前曾经在网上看过这样一个诈骗的案例，骗子首先向 10 万人寄出一份股票市场预测的邮件，其中一半邮件里预测下个月股票行情会上升，另一半邮件里预测股票行情将回落。一个月后再发一遍邮件，这次只发给上个月作出正确预测的那 5 万人。这次再将这 5 万人分为两部分，一部分发邮件预测下个月会上升，一部分邮件预测下个月会跌。依次类推，坚持 10 个月后还剩下 100 个人，这 100 个人接受到的预测从没有出错。在这 100 个人里骗子就成了英雄，他们确认他具有准确的预测能力，于是有部分人就会把手头所有的财产托付给骗子。

上面这 100 人很典型地运用了归纳论证的方式得出结论，运用了从许多个别事物中概括出一般性概念的推理方法。当然，现在从这个故事的角度出发，这种结论的得出看似太傻，但其实我们也常常这样无意识地欺骗自己和他人。

因此，当你发现发言者是在运用归纳的方式证明自己的结论时，需要刻意注意一下，他们的归纳论证是否是理性的。比如在《结构思考力》一书中，我们曾经用一个男孩跟一个女孩求婚的案例，来讨论什么是演绎和归纳。结果，有人看后半开玩笑地跟我讨论，我问他这种说法是演绎还是归纳。

男孩：你要不嫁给我，就会有生命危险。

女孩：为什么？

男孩：三年前，我跟一个女孩求婚，她没同意结果她后来死了；两年前我跟一个女孩求婚，她没同意结果她也死了。所以你要不嫁给我，就会有生命危险。

我之所以选择这样一个极端不切合实际的案例，是希望大家体会这样运用归纳的方式得出结论的场景其实常常发生。

那么到底该如何让运用归纳论证的发言者表达更有效呢？其中有个重要的方式是判断他是否正确地寻找到了共同点进行归纳。因为在归纳的过程中，如果共同点寻找得不同，结论也会随之变化。比如这个例子。

理由 1：喝啤酒会醉。

理由 2：喝香槟会醉。

结论：喝含有碳酸的饮品会醉。

当然，因为你知道正确的结论，所以很明显地知道这个结论得出得有多荒谬，只是因为在归纳时把注意力放到了不同的共同点中所造成的。所以作为主持人，当发言者因此得出了错误的结论，我们需要引导他将注意力放到除此以外，还有哪些共同点上。

3. 确认清楚因果关系

同时，还要拒绝出现“在此之后，因此之故”的推理。一个特别愿意思考问题的孩子，发现一件事情，每天早上醒来听到公鸡叫，太阳就会升起，于是他得出一个结论是公鸡叫导致了太阳升起，然而有一天家里把那只公鸡杀了以后，发现第二天太阳依然还升起了。所以，一件事紧接在另一件事后面发生，并不能证明两者之间就一定有因果关系。

这种例子非常多，比如古时候很多地方遇到旱灾以后会选择用活人献祭的方式求雨，结果呢？在献祭了几个活人之后，真的下雨了。于是得出结论，献祭求雨有用，于是下次遇到不下雨的情形选择献祭活人就可以了。

这种问题在无论演绎法还是归纳法中都非常容易出现，因此作为主持人要对发言者的结构进行全面的检查，以确保从事实到理由、从理由到结论的正确性。参考如下。

发言者：这事肯定行不通，因为之前提过后来不了了之了。

主持人：之前提过不了了之，这事就一定行不通吗？

具体分析造成这种情况的原因有很多种，比如原因和结果之间的混淆、忽略了重要原因等。

三、概括：简单方式进行重复统一认知

通过上面的努力，我们已经帮助发言者有了清晰的表达的结构，最后在理解环节中，我们还需要对大家的发言内容进行简单的概括，以让参会者能够统一认知，为未来的共识打下基础。如图 9-5 所示。

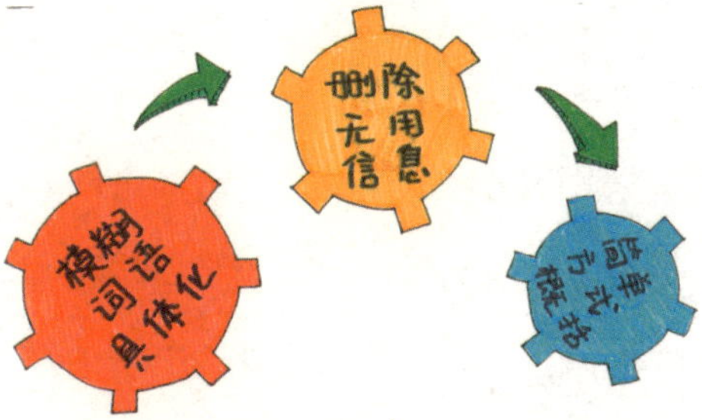

图 9-5　概括简单方式进行重复

1. 将忽略模糊不清的词语具体化

中午在看一期《非常勿扰》节目时，其中一位来自俄罗斯的魔术师男嘉宾，提了一个要求是希望未来自己女朋友是一个“有名”的女人，这样可以让更多人知道他的魔术，很多女嘉宾因为这个灭灯。其实这是典型的，因为语言能力所造成的语言模糊不清，他的本意可能未必是大家所想的要靠有名的女人出名，可能只是希望女朋友能够有很好的人脉或事业，两个人可以互相支持各自的事业，当然真实答案是什么我无从知晓。

为了进一步概括清楚发言者的含义，主持人需要对模糊不清的词汇进行具体化处理，而这种模糊的词汇也非常多，需要大家特别注意。

含糊不清式表达：沟通不到、管理能力未能发挥、没有很好的落实……

带有情绪的表达：需要诚心诚意的沟通、很明显意愿不足……

带有歧义的词汇：自由、成功、平等……

说不说没差别的词汇：推动、强化、落实、贯彻……

数量相关的词汇：多与少……

当遇到类似的模糊表达时，主持人应及时地提出问题，让发言者的表述具体化。

主持人：所谓管理能力未能发挥，具体指的是什么？

主持人：你刚才提到的“公平”，具体指什么意思呢？

2. 保留主语和谓语，删除无用信息

主持人需要在限定的字数和时间内，简练地概括发言者所表述的内容，其中最简单的方法是保留主语和谓语，删除那些不相关的要素。

（1）与结论无关的内容：根据结构思考力以上统下的原则，在概括时但凡跟结论无关的理由、依据和论述都可以大胆地删除。

（2）具体的数值和事例：具体的数值和事例，主要是为了证明理由和结论的，概括时可以省略。

（3）修饰语和连词等：将“特别”、“非常”、“绝对”等用于调整语调和鼓舞情绪的修饰语删除，对原本的含义不会有任何的影响。

3. 改用简单的方式进行概括

当通过上述方法，对对方的发言进行具体化和简化后，需要用最简练的语言对发言者的内容进行概括。

发言者：很多公共的游泳池并不能严格遵守卫生法，因此为水生细菌的感染提供了空间。公共游泳池已经成为了一个健康的隐患。研究表明60%的公共游泳池不能保证水里的氯含量达到正常水平，任由游泳者感染疾病。很多游泳者在使用公共泳池以后就开始患病。

主持人：你是从公共游泳池氯含量不达标和已造成很多人患病两个方面，说明公共游泳池已经成为一个健康的隐患了吗？

第二节 重构：将团队所有人的观点重新分类梳理

虽然经过上面理解环节的努力，可以让每个人的发言都清晰了，但经常由于大家没有一个共享结构而很难总结出结论并达成共识，这时候主持人的任务就是在重构环节将所有人的发言成果进行归纳总结，分类、排序并得出结论来。如图 9-6 所示。

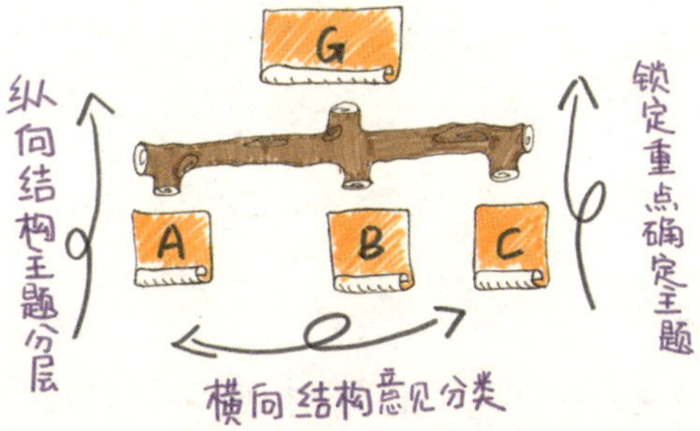

图 9-6 重构：将所有人观点分类梳理

重构的过程比较容易理解，因为大家在讨论过程中一般不会只针对一个主题展开，很可能半个小时过去了，已经整理出了几十条要点，那么根据之前提出的分类和 MECE 等方法就可以对这些观点重新梳理。

例如，人力资源部正在对解决国际事业部提出的“如何制定中长期规划解决人才流失”的问题进行讨论，最终得出了这么多条的意见。

（1）派员去国际业务部做已流失人员调查，并分析原因。

（2）派员做一份同行业薪金水平调查，对比分析国际业务部薪金情况。

（3）派员与流失人员面谈，了解流失原因。

（4）指定人员到国际业务部听取意见，草拟适合公司特点的中长期人才规划。

（5）修改完善员工培训管理规划，重点突出英语培训。

（6）派员与财务等部门沟通，了解公司工资承受能力，决定国际业务部人员薪金提升幅度的可能性。

（7）建立吸引员工、留住人才的机制。

（8）关于国际业务部从在校学生中招聘难的问题，可适当扩大招聘范围和招聘方式，制定新的招聘制度。

如果继续讨论下去，可能会再讨论出 N 条解决方案，对于我们解决问题，没有任何的帮助。因此，作为会议的主持人需要对上述方案进行重构，梳理下各个观点的分类。最终得出的结论是“从多个方面了解情况并采取相应措施解决人才招聘难和流失率高的问题。”具体分类如下。

1. 多项措施改善招聘效果

关于国际业务部从在校学生中招聘难的问题，可适当扩大招聘范围和招聘方式，制定新的招聘制度。

2. 内外结合解决薪酬问题

（1）派员与财务等部门沟通，了解公司工资承受能力，决定国际业务部人员薪金提升幅度的可能性。

（2）派员做一份同行业薪金水平调查，对比分析国际业务部薪金水平情况。

3. 双方面了解员工流失原因

（1）派员去国际业务部作已流失人员调查，并分析原因。

（2）派员与流失人员面谈，了解流失原因。

4. 多项手段留住人才

（1）指定人员到国际业务部听取意见，草拟适合公司特点的中长期人才规划。

（2）修改完善员工培训管理规划，重点突出英语培训。

（3）建立吸引员工、留住人才的机制。

如图 9-7 所示。

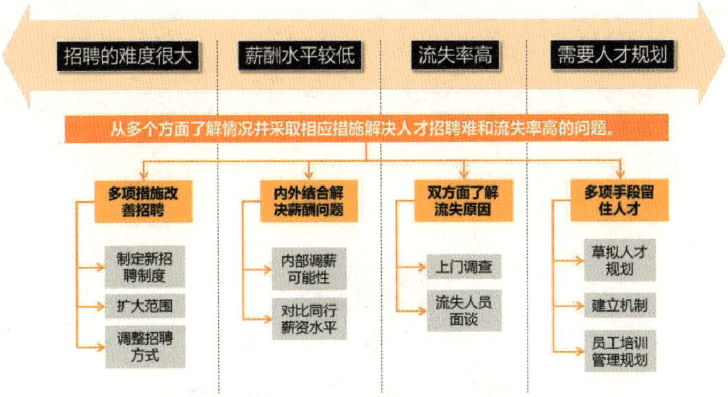

图 9-7　重构所有人观点案例

将所有人的观点进行重构整理，可以帮助我们看清整个讨论的框架，并找出哪些方面需要补充观点，这就是重构在会议讨论中的重要作用。

这里的重构环节也是在符合“论、证、类、比”4 个核心原则的基础上，分别从纵向结构、横向结构和主题三个方面来进行。

一、纵向结构主题分层

纵向结构分层次，同样包含了两种方法，一种是自上而下多分解，另一种是自下而上做聚合。

1. 自上而下主题分解

自上而下分解是从问题的起点出发，然后沿着问题的几个维度来逐步展开，也就是从大到小、从总体到局部。最终的结果是要划分出，“大项目—

中项目—小项目”，比如以项目总结规划为例，可以从“过去、现在、未来”三个方面来对项目情况进行描述。比如我们在讨论拟招聘岗位人员的要求时，可以分别从能力、技能和态度三个方面建立大的分类，然后在每个分类下面再继续讨论分解出详细的岗位要求来。

比如在讨论运用什么方式对高潜质管理者进行培养时，从定期培训、导师辅导、项目锻炼三个方面展开讨论进行分解。定期培训方面又分解为专业能力培训和通用能力培训，导师辅导方面又分为以老带新和高管提供职业指导两个方面，项目锻炼又分为公司级项目锻炼和部门级项目锻炼，最终形成的金字塔结构如图 9-8 所示。

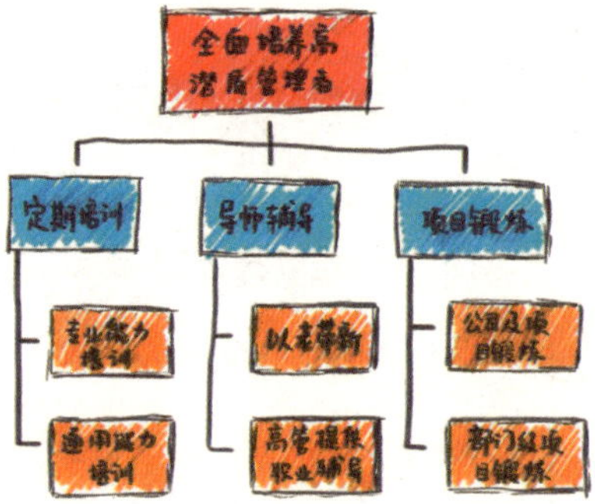

图 9-8　全面培养高潜质管理者案例

接下来，如果想针对哪方面细化，开可以继续进行讨论和分解。

2. 自下而上概括总结

自下而上概括总结的方法，跟自上而下正好相反，第一步是在不考虑总体情况的基础上，罗列出一切可能的要点和想法。比如讨论拟招聘岗位人员要求时，会提到积极主动、有事业心、沟通能力强、具有一定的亲和力等。之后找出它们之间的共同点进行分类。

往往两种方法得出的结果可能是一样的，只是过程不同而已。那到底采用什么方式比较好呢？其实两种方法各有利弊。自上而下分解最大的好处是不容易遗漏重大的视角，因为自上而下分解是在整体把握的情况下进行详细的划分，但也由于从总体出发对参与人员的要求比较高、难度较大。自下而上最大的好处是，简单易操作，首先每个人发表自己的想法，然后通过归类的方式每类得出一个结论，但也往往会容易遗漏掉某些重要的要点。

所以，通常在日常的工作中可以考虑两种方法结合起来使用。而且不管如何分解，纵向结构上都要符合“以上统下”的上下对应关系。

二、横向结构意见分类

其实，横向结构意见分类和纵向结构密不可分的，不管是从上往下还是从下往上，都会涉及横向的分类。横向分类要遵循之前提到的 MECE 原则，即相互独立、完全穷尽。同时在透过结构看共识中除了基本原则以外，再分享些小的技巧，比如我们自己在做表达和问题分析时，一般会直接选择某种分类方式来划分。但作为讨论的主持人，不建议运用这种方法，到底按照什么方式来分类，需要征询大家的意见，因为同样的事物有很多种分类方式，不同的分类方式也代表了人们对问题看待的不同角度。参考如下。

主持人：大家觉得这个观点，该分到哪个类别中呢？

主持人：哪个观点和这个观点比较接近呢？

……

另外，如果大家都不太确定某个人的观点到底应该分到哪个组时，也不要非常强势地进行分类，可以把它放到一边单独列出来，因为这样的特殊观点没准也有很多创新的地方，不要轻易地隐藏到其他的分类中。

另外，跟大家分享两个横向分类的小工具和技巧。

在多人讨论问题做意见分类时，特别好用的一个工具是便笺。如果可以很好地利用便笺，在我们意见分类时一定可以做到事半功倍，具体的方式是在每一轮讨论时，可以让大家把各自的观点写到便笺纸上，然后由主持人收集到一起带领大家一起分类，注意在分类时遇到表述不清楚的情况需要跟写便笺的人进一步去确认其观点到底是什么，并征询所有人意见对便笺进行一一分类，在白板上贴出来。运用便笺不但可以做到分类时调换位置方便，更可以以视觉化的方式进行呈现。

推荐的小技巧就是引用目前现有的结构。因为我们在分类意见时有两种方式：开放式分类和封闭式分类。所谓开放式分类，就是上面提到的，大家运用 MECE 原则对现有的要点和观点进行逐一划分，当然这种方法比较难，尤其在选择分类方式和维度上经常不容易达成共识。而封闭式分类就是调用现有的模型，因为这些模型和框架都是前人总结下来的清晰的结构。比如从顾客、竞争对手和公司自身三个方面入手构建企业经营战略的 3C 模型，从优势、劣势、机会和威胁四个方面分析问题的 SWOT 分析模型，等等。这些结构可以说有无数个。在本书的附录中，我们给大家归纳整理了一部分在工作中比较常用的模型可以参考。除此之外在日常的学习和生活中大家也需要不断地进行积累，比如春、夏、秋、冬，喜、怒、哀、乐，人、财、物，现实、理想，输入、输出，等等，这些常识性的知识中也蕴含了大量的现有结构。所以，在阅读书籍、新闻和提高个人素养的同时，可以有意识地训练自己去运用它们。

三、锁定重点确定主题

第三个方面是根据大家提出的大量意见锁定重点或者得出结论来。这个过程的原则和在透过结构看表达中自下而上概括总结式的要求类似，这里重点分享下，作为一个会议的主持人在该环节有哪些技巧可以帮助大家得出主题来。

主持人：小张的观点是……小李的观点是……小王的观点是……所以，我们到底想要表达的观点是什么呢？

主要运用的方式，还是寻找共性得出结论，参考如下。

A：新系统可以降低材料成本 3% ~ 4%。

B：新系统可以节约人工成本 10 万元 / 年。

C：新系统可以缩短坚持测时间 50% 左右。

主持人：所以，我们最终想表达的观点是什么呢？

A：新系统可以帮助我们降低成本。

具体关于如何概括和用简练语言进行概括，在前面的章节中已经有所叙述，在此不再赘述。

第三节 呈现：视觉化呈现过程及成果

本章中的呈现环节跟前面不同，前面的几个应用中多是运用结构罗盘的“配得上”作为最后成果的一个展示。而在透过结构看共识中，作为主持人除了最后展示讨论成果以外，更重要的意义在于在整个讨论过程中，都可以通过视觉化的方式来对大家的讨论进行引导。换句话，配关系、得图示、上包装的环节是一个动态的过程，而不是等到所有结构都固定下来以后，做一个简单呈现而已。如图 9-9 所示。

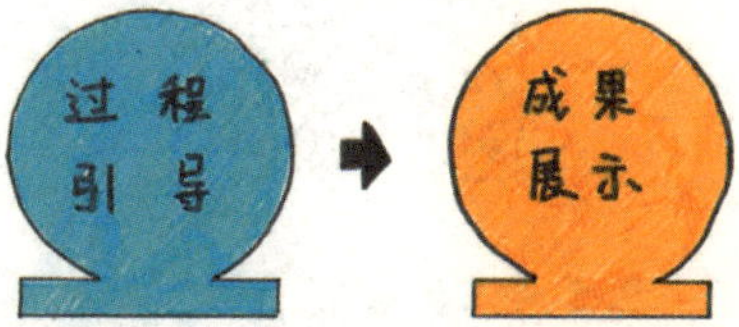

图 9-9 呈现：视觉化呈现过程及成果

第一步：配关系。在理解环节需要不断地运用概括的方式将大家的发言进行精简和提炼得出重点来，这时可以在白板上将重点内容罗列出来。在重构环节，确定出各个重点之间的关系，之后就可以运用结构罗盘中的 4 种模式 16 种关系，来为这些重点内容确定一关系。

第二步：得图示。当讨论的内容初步呈现出来以后，就可以基于关系选择适当的图示（比如流程图、循环图、矩阵图等，具体参考第六章详细介绍）在白板上画出以引导大家讨论。当然，往往在一次会议讨论中，仅仅使用一种图示不一定能够理清思路，作为主持人可以根据讨论内容之间的关系，随机地运用多种图示进行组合。

第三步：上包装。这一步一般在讨论过程中不会使用，主要在最后成果展示环节，可以用上包装的方式让达成共识的讨论成果更容易被其他人理解和记忆。

除此之外，也有一种情况是可以根据讨论的内容，提前想好运用什么图示来引导或总结大家讨论的内容。

运用视觉化的方式可以更容易让大家运用同一个结构来进行讨论以便于向大家展示讨论的全貌和重点，有助于讨论达成共识，而且因为图示化的趣味性，也往往更能激发大家的参与度。

附录

结构思考力应用工具

工具1：结构思考力识别概括技术应用表

步 骤	要 点	收集信息	提 示
识别	结论		确认哪个观点是结论 线索 1：寻找结论的指示词 线索 2：关注几个重要的位置 线索 3：问一问“所以呢？”
	理由		找出支持结论的理由 线索 1：寻找理由的提示词 线索 2：问一问“为什么呢”
	事实		找出支持理由的事实 线索 1：具体的数据 线索 2：具体的事例 线索 3：在理由的基础上再问“为什么”
判断	结构图		判断事实、理由、观点的对应关系，画出结构图
概括	一句话概括		一句话概括所有内容 如：在 ____ 的基础上，从 ____、_____、_____N 个方面说明了 ______。

工具2：结构思考力"图示库"

流动

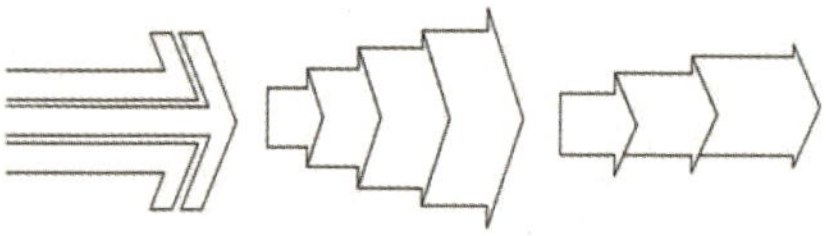

线性

循环

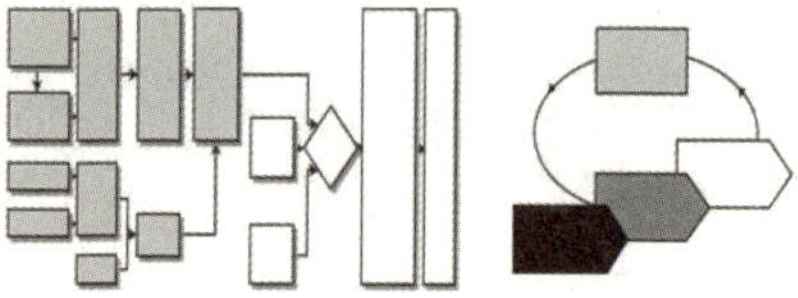

流程

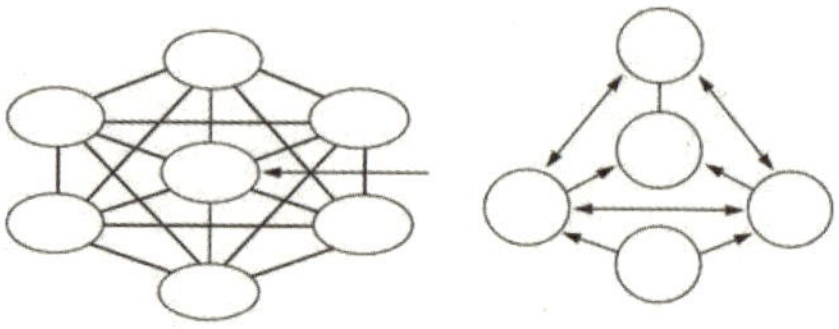

关联

作用

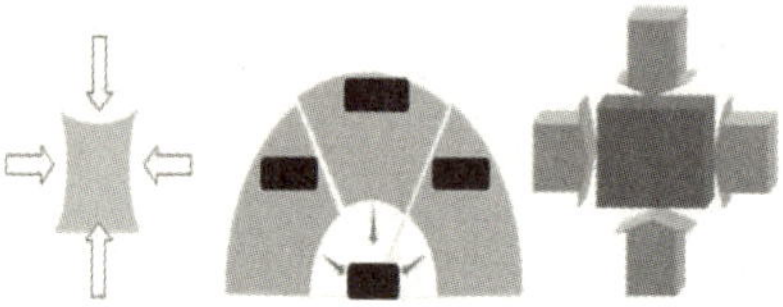

合力

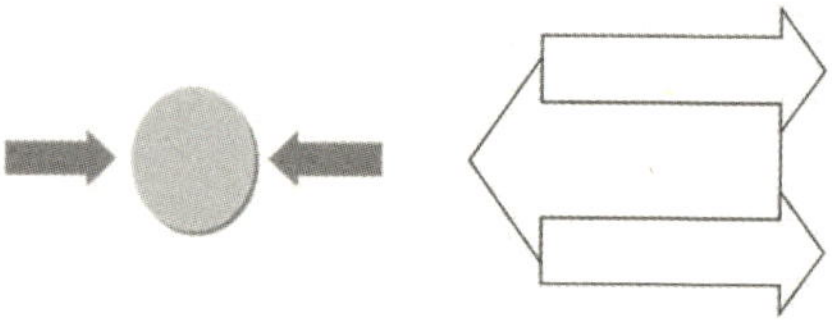

对立

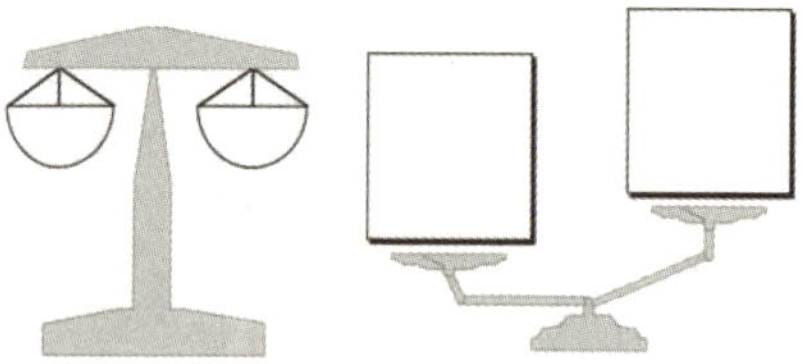

平衡

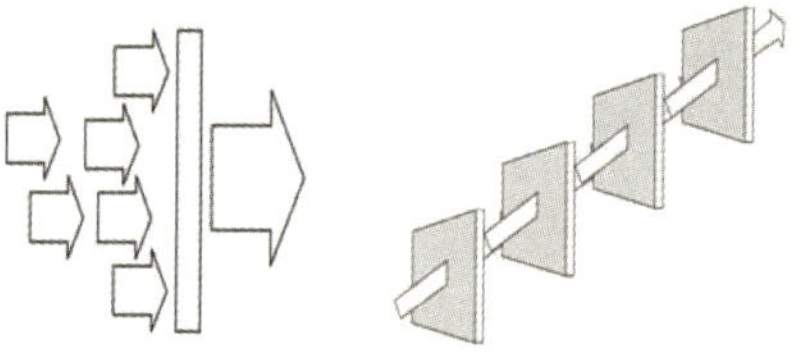

阻碍

联系

并列

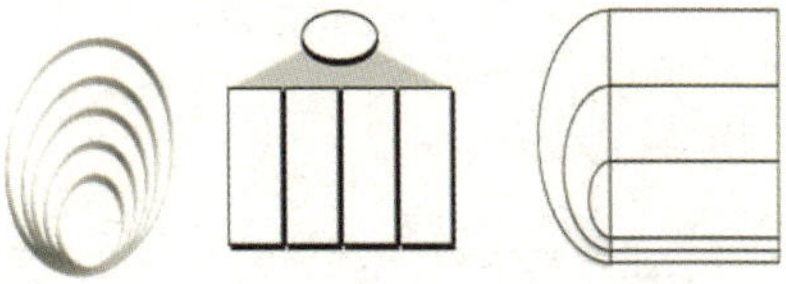

包含

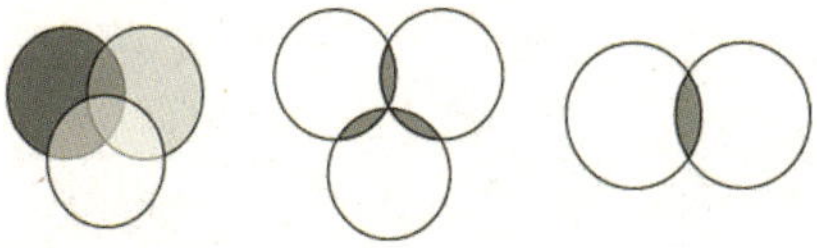

重叠

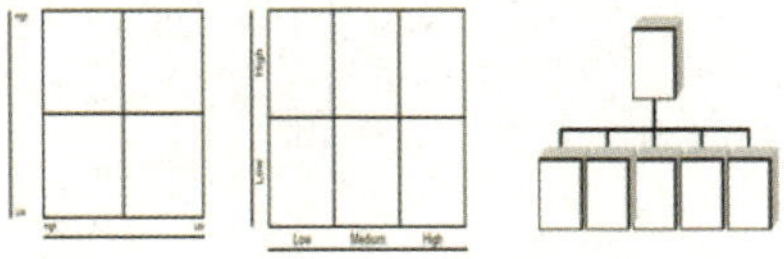

分割

比较

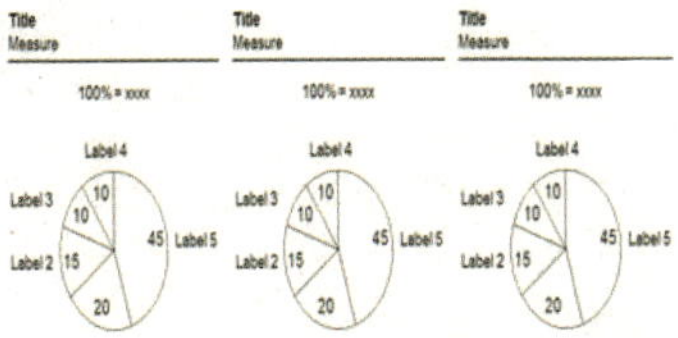

成分

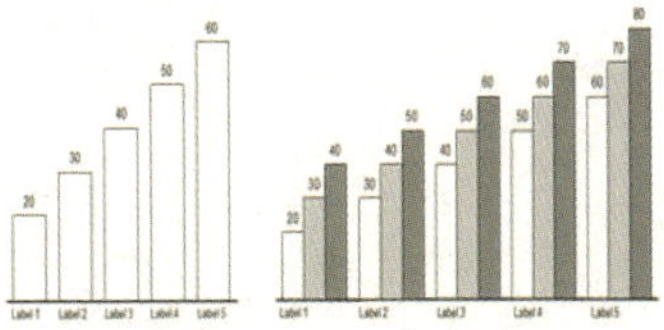

序列

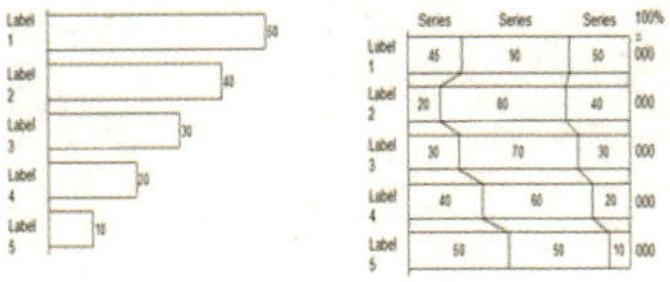

排序

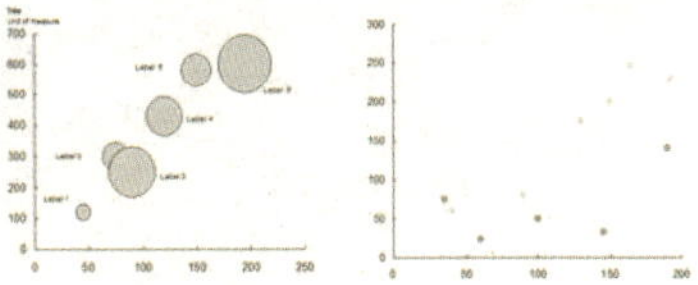

关联

扫二微码后回复“图示库”
接受收完整的电子版图示库

工具3：5W2H问题描述框架

拟定的解决方案		
5W2H 框架	参考问题	对问题的描述
What	什么事情出了问题？ 什么问题？	
Why	造成这样的结果的原因是什么？	
When	什么时候发生的？	
Where	在哪里发生的？	
Who	是谁的问题？谁负责？	
How	怎么发生的？	
How much	多少事物出了问题？ 问题出到什么程度？数量如何？频率如何？	

工具4：基于目标定主题

步骤及要素		内容	提示
步骤一 确定目标	受众		表达对象是谁？
	行为		希望受众做出哪些行为改变？
步骤二 设计序言	情景		Situation 原本稳定的状态描述
	冲突		Complication 颠覆现状、发现问题
	疑问		Question 选出待完成重要课题
	回答		Answer 提出假设性解决方案
步骤三 设定主题	主题		符合简单、准确、利益点的原则

工具5：5W2H疑问回答式设想问题框架

5W2H 框架	参考问题	从受众角度设想的问题
What	是什么？目的是什么？ 做什么工作？……	
How	怎么做？如何提高效率？ 如何实施？方法怎样？……	
Why	为什么？为什么要这么做？ 理由何在？原因是什么？ 造成这样的结果是为什么？……	
When	何时？什么时间完成？ 什么时机最适宜？……	
Where	何处？在哪里做？从哪里入手？ ……	
Who	谁？由谁来承担？谁来完成？ 谁负责？……	
How much	多少？做到什么程度？数量如何？ 质量水平如何？费用产出如何？	

工具6：现有结构库（现有模型）

3C

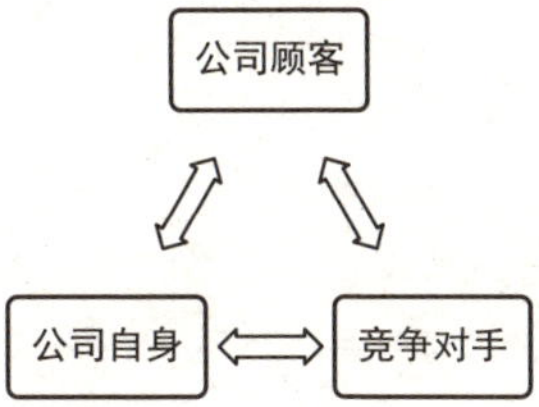

制定战略时，可以从这三个方面因素进行均衡的思考

AIDMA

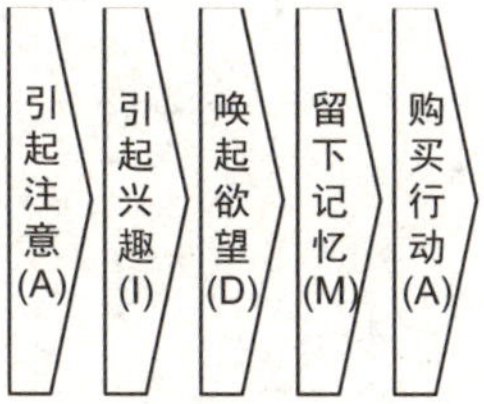

对于消费者购买过程的5个阶段，分别探讨产生购买欲的方法。

五力分析

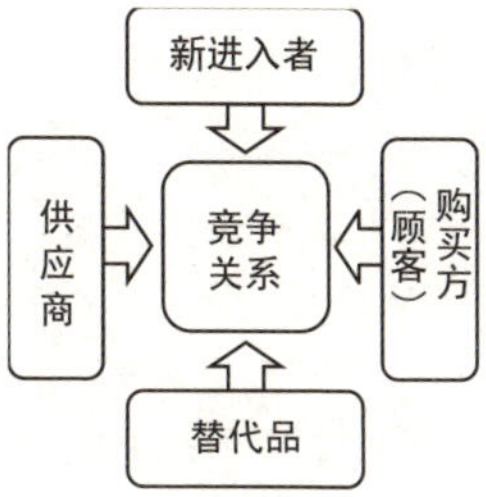

对5种关键竞争因素进行分析，掌握行业竞争现状和市场吸引力，有助于企业的战略制定。

结构思考力三层次模型

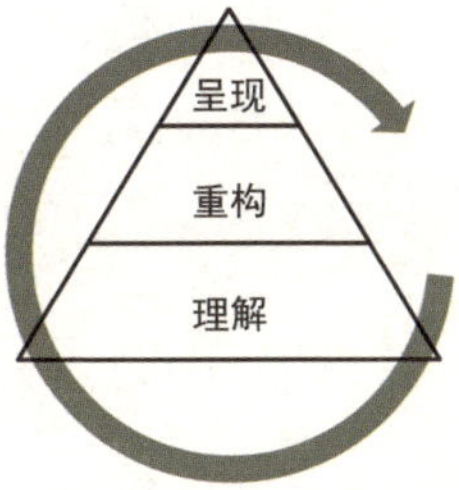

思考问题时需要不断循环地运用理解、重构、呈现三个步骤。

能力意愿矩阵

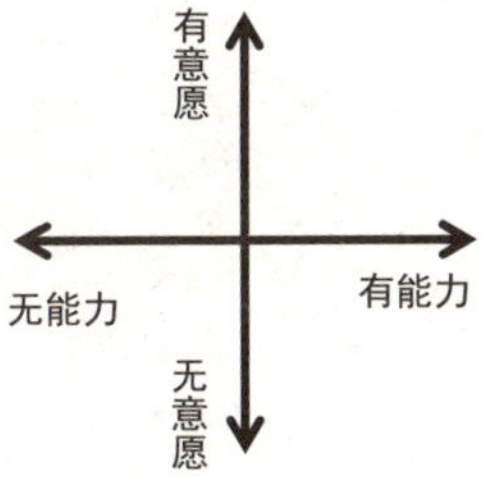

意愿能力矩阵用于根据意愿大小和能力强弱，确定不同的应对措施。

Will/Can/Must

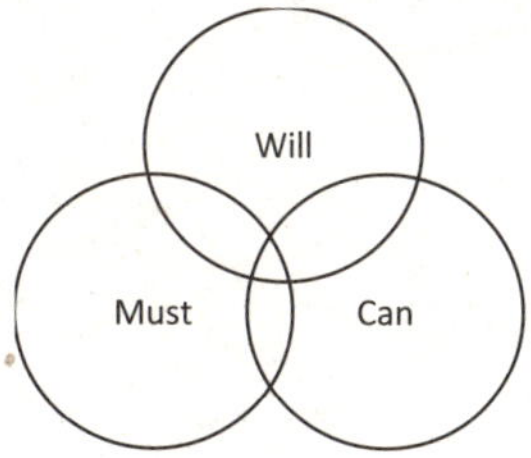

通过3个因素组合，发现自己未来的发展方向。

扫二微码后回复“结构库”
接收完整的电子版结构库

反侵权盗版声明

举报电话：（010）88254396；（010）88258888

传　　真：（010）88254397

E-mail：　dbqq@phei.com.cn

通信地址：北京市万寿路 173 信箱

　　　　　电子工业出版社总编办公室

邮　　编：100036